JN022171

ESDの地域創生力と自然学校

Education for Sustainable Development

持続可能な地域をつくる人を育てる

阿部 治・増田直広 編
Osamu Abe & Naohiro Masuda

ナカニシヤ出版

まえがき

　高度経済成長期以降，日本の農山漁村（中山間地域）および都市部には過疎化や人口集中に起因する様々な問題が発生しています。さらに近年では，地震や気候変動に起因する台風，大雨による災害が頻発しており，全国各地で大きな被害が発生しています。災害に強く，かつ回復力の高い地域づくりは，現代において大きな課題となっています。

　これらの諸問題の解決を図り，教育や学びを通して地域の持続可能性を高めていく取り組みが本書のテーマである「ESD（持続可能な開発のための教育）による地域創生」です。全国各地で行われている取り組みの主体は，国や自治体，NPO など多様ですが，本書では自然学校が ESD による地域創生において大きな役割を果たしていると考えています。

　本書では，地域創生を「住民一人ひとりが地域の多様な資源とかかわり，地域との関係性を主体的に深めていくことで創りあげる，環境・経済・社会・文化のトータルな視点で持続可能かつ災害からの回復力（レジリエンス）が高い地域社会づくり」（阿部）と定義しています。

　自然学校の概念が生まれ，取り組みが始まったのは 1980 年代初頭です。編者らは現場での自然体験活動からネットワークづくりまで，長年自然学校に関わってきましたが，その間に自然学校は全国各地に広がり，2010 年の第 5 回自然学校全国調査では，その数は約 3,700 校に及んでいるという報告がなされています。そして数だけでなくその社会的役割も変化してきています。以前は自然体験活動を提供することが自然学校の大きな役割でしたが，現代においては地域創生拠点の一面も持つようになってきました。本書に掲載されている事例や自然学校へのアンケート調査を通して，そのことをさらに実感しています。

　本書は以下の構成となっています。

　第 1 部では，本書の主題として「ESD による地域創生と自然学校」につい

て論じています。ESD による地域創生に関する基本的な考え方および自然学校の概要と地域創生との関わり，自然学校とエコツーリズムの関わりを紹介しています。第 2 部「自然学校が取り組む多様な地域創生」では，全国 8 つの自然学校や同様の機能を果たしていると考えられる団体による具体的な取り組みを紹介しています。地域創生を目的としている事例から，副次的に地域創生につながっている事例まで多様な活動をご覧になれるはずです。自然学校の活動の幅の広さや可能性の大きさを感じていただけることでしょう。第 3 部「自然学校が取り組む地域創生の実際」では，第 2 部に登場する自然学校関係者，研究者らによる座談会の様子と編者らがつながる全国の自然学校に対して行ったアンケート調査の結果を掲載しています。これらを通して，現在，自然学校が地域創生をどのように捉えているか，どのような取り組みを行っているか，大切にしていることや課題，今後の展望などが見えてきます。

　本書を作成するにあたって，登場いただいた自然学校を訪問したり，お話をうかがったりしてきました。いずれの取り組みも本書が考える ESD による地域創生につながっており，魅力的かつ持続可能な社会実現を目指すうえで大きなエネルギーをいただけるものでした。各事例は限られたページ数での紹介となりますので，取り組みを十分に伝えられない部分もあります。読者の皆様におかれては，気になった自然学校にはぜひ出かけていただき，活動を体験して欲しいと考えています。地域創生のヒントを得られると同時に，各校のスタッフや地域資源とのふれあい，プログラムを通して，未来に向けた元気をいただけるはずです。

　自然学校は自然体験活動の提供に加え，ESD による地域創生において大きな役割を果たしています。その自然学校は全国各地に存在しており，各校でESD による地域創生に取り組んでいくことで，持続可能な社会実現への歩みはさらに進んでいくことでしょう。本書がそんなきっかけとなれば幸いです。

増田直広

文　献

阿部　治(編)(2017)．ESD の地域創生力　合同出版

目　次

第1部
ESDによる地域創生と自然学校

ESD による地域創生とは

阿部　治

1. ESD とは

　ESD は "Education for Sustainable Development"（持続可能な開発のための教育）の略です。端的に言えば，学校教育だけでなく，社会教育や企業内教育，家庭教育，生涯学習などあらゆる場を通じて，「持続可能な社会の担い手を育てる教育や学び」のことです。従来から環境保全を目的に環境教育が行われてきましたが，環境教育だけでは環境問題を解決できないことが1980年代の地球環境問題の顕在化によってわかってきました。地球環境問題は，環境だけでなく貧困や平和（紛争）など，多様な問題が複雑に絡み合って生じているからです。このため地球環境問題を契機に環境教育や開発教育，人権教育，平和教育などの地球課題教育は，その各々の切り口が異なるだけで，（持続可能な開発による）持続可能な社会の実現が共通の目的であり，目的達成のためには，これらの課題教育相互の連携が必要不可欠であることが認識されるようになりました。

　そしてこれらの動きは，地球サミット（1992）の行動計画に盛り込まれた「持続可能な開発に向けた教育の再構成」を受けて加速化し，地球サミットに続くヨハネスブルグサミット（2002）における日本の政府と NGO による提唱から始まった「国連 ESD の10年」（2005-14）を契機に ESD として国際的に広く取り組まれることとなったのです。日本は ESD の10年の主導国として政府と NGO などが強力に ESD を推進し，学校のみでなく企業や地域などにおいて取り組まれています。ESD の10年の終了後も持続可能な社会の構築に寄与する ESD 推進ネットワークの構築をめざして ESD 活動支援センター（全国センターと8つの地方センター）を官民共同で運営するなど引き続き，ESD は推進されています。また，2017年に公示された幼稚園教育要領，小・中学校学習指導要領において，前文および総則に「持続可能な社会の創り手」の育成が掲げられるなど，学校での ESD の取り組みが強化されました。

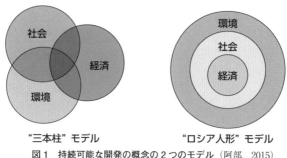

"三本柱" モデル　　　　　"ロシア人形" モデル

図1　持続可能な開発の概念の2つのモデル（阿部，2015）

　ESD のめざす「持続可能な開発（SD）」は国連の報告書『地球の未来を守るために』（1987）を契機に広まった概念です。同報告書では，「将来世代のニーズを充たしつつ，現在の世代のニーズも満足させるような開発」とされています。ここでいうニーズは私たちが生活をしていくために必要とする衣食住（必要物）とみることができます。地球上の限られた資源を現在も未来も，すなわち世代内・世代間で公平かつ持続的に利用する考え方が SD なのです。

　SD には図1で示すように環境・社会・経済の3つがトリプル・ボトム・ラインとして重視されています。これら3者の関係性を示すものとして同図の左のモデルがしばしば使われていますが，3者の関係を適切に表現していません。右のモデルように3者の間には階層性があり，環境が安定していなければ社会も経済も成り立たず，社会が安定していなければ経済も成り立たない関係にあるのです。経済も社会も健全な自然環境があればこそ成り立つのです。

　今，世界には気候変動や生物多様性，あるいは，平和や人権，ジェンダー，民主主義に関わる課題など，持続可能性に関わる共通の課題がたくさんあります。一方，日本に目を向けると，福島第一原発事故からの復興をはじめ，エネルギー問題，少子・高齢化，過疎化，頻発する激甚な自然災害，経済格差の拡大，あるいは無縁社会と呼ばれる孤立化・関係性の希薄化の問題など多くの課題があります。

　このままでは持続不可能であり，持続可能な社会への転換が不可欠です。持続可能な地域づくり，社会づくりが重要であり，そこにいたる目標の1つが後述する SDGs，すなわち国連「持続可能な開発目標」であり，SDGs を推進す

る担い手を育てるのが ESD なのです。

2.　ESD と SDGs の関係

　筆者は ESD を「つながり教育・学習」,「関係性教育・学習」としても表現しています。スウェーデンの少女のグレタ・トゥーンベリさんがこのままでは若者や未来の世代にとって大変な状況になると気候正義を訴えて多くの共感を呼んでいます。まさにそのとおりで現状のままでは未来がありません。前述した SD の 3 要素の関係にあるように,私たちは人や自然を含めて,現在も未来も含めてすべてつながっています。現在の自分と他者(人や自然)との関係では私たち自身,また他の人(現世代のみでなく将来世代も含めて)や自然も持続しません。ではどういう関係であれば持続できるのか,その新たな関係(持続可能な未来のビジョン)を想像し,さらには想像した新たな関係を創り上げていく(創造)ことが私たち一人ひとりに求められているのです。この 2 つの「そうぞうりょく(想像力と創造力)」を育むのが ESD なのです。

　さらに言えば,ESD は探究活動を通して知識や体験を統合かつ総合化することで,持続可能な社会に向けた基礎リテラシーを育んでいくことであり,市民自らが当事者として未来を決定する(社会に参画する)力を育む参加型民主主義,市民性教育の視点をも併せ持っています。また ESD は持続可能性に関わるあらゆるテーマやステークホルダー(関係する主体)をつなぐ装置としての機能をもっています。

　SDGs ＝国連持続可能な開発目標は,2015 年の国連総会で採択された「持続可能な開発のための 2030 アジェンダ」(外務省,2020)に基づくもので,持続可能な社会を実現するための 2030 年時点の達成目標であり,17 の目標と 169 のターゲットから構成されています(図 2)。これらの目標はすべてつながっており,そのつながりが大事です。さらに重要なのは,SDGs はあくまでも 2030 年目標であり,目的ではないということです。SDGs は持続可能な社会を実現するための手段であり,プロセスなのです。また,SDGs は ESD を広げる手段でもあると言えるでしょう。一方,ESD の目的は持続可能な社会の実現であり,2030 年に終わるものではありません。ESD が登場した際には,内

図 2　SDGs（持続可能な開発目標）（国連広報センター HP より）

容があまりに広く漠として理解が難しいとの声がありましたが，SDGs が登場
したことによって，ESD がめざす当面の社会の姿が 17 目標 169 ターゲットに
よって見える化されたと言えます。

3．SDGs と地域創生

　地域創生の最も大事な課題は誇りの回復です。明治以降，地方から都市への
人口移動政策の推進によって地域への誇りが奪われてきたのです。農業経済が
専門の小田切（2009）は中山間地域における 4 つの空洞化を指摘しています。
まず，「人の空洞化」，これはまさに人口減少です。人が減っていくと土地が
崩壊します。「土地の空洞化」です。さらには，村の機能が崩壊する「村の空
洞化」。そして，これらが合わさって「誇りの空洞化」が始まるというのです。
このことが地域創生にとって最大の課題です。この他にも，人口減少，過疎・
高齢化，東京一極集中の是正，若い世代の就労・結婚・子育て，地域の特性に
即した地域課題の解決，選択と集中，あるいは地域の自立・自律・自治力の強
化，共生など地域創生の課題は山積しています。

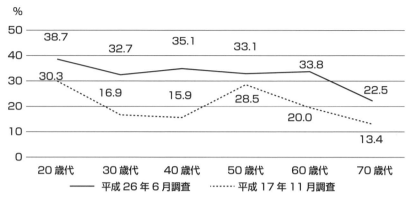

図3　都市から農山村への定住願望（内閣府「農山漁村に関する世論長」報告書より）

　政府の SDGs 推進本部が毎年作成している SDGs アクションプランでは一貫して，「SDGs を原動力とした地方創生，強靭かつ環境に優しい魅力的なまちづくり」を「『Society5.0』の推進」，「SDGs の担い手として次世代・女性のエンパワーメント」とともに重点 3 本柱の 1 つに取り上げて推進しています（外務省，2020）。そこでは，地方創生の目標である「人口減少と地域経済縮小の克服」，「まち・ひと・しごとの創生と好循環の確立」を達成するための推進施策として，コミュニティ再生，少子高齢化，教育，雇用対策，人材活用，人口減少，環境対策，防災を取り上げ，これらを環境，社会，経済の 3 側面から統合して推進し，人々が安心して暮らせるような，持続可能なまちづくりと地域の活性化を実現するというものです。このように政府が進めている地方創生においても SDGs の推進が最重要課題として取り上げられています。

　地域創生の課題は多いのですが，明るい兆候もあります。内閣府が行った都市から農山村への移住の願望に関する調査（図3）では，2005 年から 2014 年の間で地方に住みたいという人が年代を超えて増加しています。つまり移住の条件が整えば，地方に住むというニーズがあるのです。例えば，総務省が行っている地域おこし協力隊の参加者数は制度開始年（2009）の 89 人から 2018 年は 5,369 人と大幅に増加しています（総務省，2020）。

4. ESD を通じた持続可能な地域づくりの担い手育成

　それでは，ESD を通じた持続可能な地域づくりの担い手育成にはどんな手法があるのでしょうか。まず，広く知られているものに地元学や地域学があります。地元学は水俣病からの復興，再生から出てきた手法です。水俣病によって喪失した地域への誇りを取り戻すために自らの地域の価値を再度知るための活動から生まれたのが地元学です。その際に「土の人」と表現される地元の人たちだけでは地域の価値がわかりません。「風の人」と表現されるよそ者が入ることによって，地域の価値に気づきます。土の人と風の人が一緒になることで地域の資源を見える化し，誇りの回復につながっていくのです。

　次に地域資源の「見える化」，「つなぐ化」をしていく地域学です。自分たちの住んでいる地域にはどんな資源（宝）があるのか。自然や歴史や文化，人を含めて様々な資源があるが，その資源があまりにも当たり前過ぎてその豊かさ，素晴らしさに気づいていない。そこで，改めて自分たちの地域にどんな資源があるのか，資源の見える化（宝さがし）をしていくということです。見える化だけでは資源を使うことができないので，つなぐ化していきます。そこから「地域の誇りの醸成」が始まっていきます。

　さらには，地域丸ごと博物館と呼ばれるエコミュージアムや本書の主題である自然学校は ESD 地域創生の拠点として極めて有効です（次章参照）。他にエコツーリズム，グリーンツーリズム，マルチステークホルダーによる協働と串刺し，価値創造型事業の創出などもあげることができます。価値創造型事業とは，一見役に立ちそうもないことでも，別の視点から見ると非常に有効だという事業です。発想の転換で新たな価値が見出せることがたくさんあります。また地域づくりには行政からの支援がありますが，その際に地域おこし協力隊制度のような補助金から補助人へと発想を変えることも重要です。

5. 多様な主体による ESD

　2017 年に公示された新たな学習指導要領において文部科学省が「社会に開

かれた教育課程」,「家庭や地域社会との連携および協働と学校間の連携」など地域創生を意識した取り組みに着手しています。これまでの地域が一方的に支える学校の活動から,学校も地域を支える共にウインウインの関係になろうというものです。地域の人口が減少すれば学校がなくなり,地域から学校がなくなれば人口が減少するというふうに地域と学校は今や運命共同体なのです。学校は地域連携,つまり社会に開かれた教育課程を通じて地域創生につながる可能性を有しています。ESD を推進することで,学校が地域創生の拠点となるのです。

　ここで問題となるのが,学校統廃合です。2002 年から 2017 年の 15 年間に,全国で小学校が約 5,000 校,中学校が約 1,500 校,高校が約 1,100 校と非常に多くの学校が減っています(文部科学省「平成 30 年度廃校施設等活用状況実態調査の結果」)。学校の統廃合は非常に大きな問題です。学校がなくなると地域からの子育て世代の流出を招きますが,それだけではありません。地域の資源の見える化,つなぐ化において,地域コミュニティの単位と重なる学区を対象とする小学校は非常に大きな役割を発揮しています。例えば,自分の住んでいる地域の自然や文化・歴史・産業・人などについて調べる活動を行ってきています。すなわち,地域の資源の見える化です。ところが,学校が統廃合されてしまうと,その機能がなくなってしまいます。この問題は地方だけではなく都市部においてもあります。従来の学校区を拠点として地域の魅力化を図っていくことが非常に重要です。それは新しい地域産業の創出にも,地域の活性化にもつながっていきます。

　企業も ESD に非常に積極的に取り組んでいます。国連 ESD の 10 年を契機に日本を代表する多くの企業が ESD 宣言を行うなど(ESD-J),ESD に取り組んでいます。なぜ企業が ESD に関わるのでしょうか。SDGs が出された時,世界の著名な企業のほとんどが加盟している WBCSD(World Business Council for Sustainable Development:持続可能な開発のための世界経済人会議)が SDGs に取り組まないとリスクになる,取り組めばチャンスになる,取り組まないことはあり得ないとしました。つまり,自然環境が健全であるからこそ企業は持続できるということが世界の常識となっているのです。

　企業が持続可能な社会の担い手づくりに取り組む利点は以下のように多岐に

わたっています。まず，持続可能な社会を目指す市民社会の一員としての企業の社会的責任（CSR）を果たすことができます。あるいは，顧客や株主を含む社会からの信頼を得ることができます。これは環境，社会，ガバナンスがしっかりしていないと投資を受けられないという近年の ESG 投資につながります。さらには，社員（さらには社員家族）のプライドとやる気が向上します。活動を通じて社外の多様な人々やステークホルダーと関わることが社員のコミュニケーション力の向上につながるなど，社員教育の一環として有効であり，社会の変化に応じた新たなビジネスチャンスを得ることにもつながるのです。

6.　ESD による地域創生

　改めて，ESD による地域創生にどんな視点が必要かをまとめたものが表1です。

　これらの視点を大切にすることを通して，ESD によって市民力が育まれます。それは，コミュニケーション力であり，社会問題について主体的に考える力，社会の一員としての公共性と倫理観，多様な価値観を尊重し共生する力，政治リテラシーを身につけた能動的市民になることを指します。つまり，ESD は市民教育の側面をもっているのです。地域創生には行政によるイニシアティブは不可欠ですが，それと同時に市民によるボトムアップが欠かせません。

　資源の見える化・つなぐ化の過程で地域の社会関係資本が構築・強化されます。この社会関係資本は地域内の信頼関係と互酬関係を高め，強い人的ネットワークを構築し，頻発する自然災害に対する地域のレジリエンス（回復力）を高めることになり，安心・安全な地域づくりにつながります。またこれらの地域創生活動はシルバー世代の活躍の場となります。そして，ESD 地域創生は総体として，地域社会を変えるソーシャル・イノベーション，ソーシャル・デザインとして展開されるのです。

　これらをまとめたのが図4です。まず人的資源，自然資源，歴史的・文化的資源を再評価し，見える化します。見える化は参加・体験型の学び，協働・連携，知恵・文化の再評価などを通じて行います。そして，見える化の後はそれらをつなぐ化し，コミュニティビジネスなどとして経済的な活性化を促しま

表1　ESD による地域創生 10 の視点

1. 持続可能性に関わる諸課題を統合化・総合化して，持続可能な地域づくりに収れんさせる。
2. 地域の多様な資源の「見える化」による再確認（再評価）と地域住民の誇りの回復。方法として外部者との出会いと交流の場（地元学など）が非常に効果的。
3. 多様な地域資源の「つなぐ化」と地域資源の活用による地域経済の活性化と内発的発展をめざす。具体的には，価値創造型事業の創出，6次産業化，コミュニティビジネスの推進，エネルギーの地産地消，環境移住（地域の環境に惚れこんで移住する）など。
4. 地域的課題（地域循環共生圏など）から生物多様性や気候変動，SDGs などの地球的な課題をも串刺しにした統合的・総合的（グローバル×ローカル＝グローカル）な視点。
5. 地域の特色（自然，歴史，文化，産業など）や地域の企業，高等教育機関を活用する。地域に高等教育機関が存在しない場合は地域と地域外の大学などとの連携（域学連携）を探る。
6. 子どもや若者の参加（「場の教育」による地域との関係性の強化，学社協働），大学生，高校生などの活躍の場の創出。世代を超えた協働，特にシニアと若者の協働は双方を元気づける。
7. 企業を含む多様な主体による協働（フォーマル，ノンフォーマル，インフォーマル教育の協働）による地域創生。
8. 文科省が推進しているコミュニティスクールを見直し，地域に開かれ，地域と協働し，地域創生に貢献する学校という視点を組み込む。新学習指導要領では「地域に開かれた教育課程」として学校が地域創生に貢献することも意図しています。
9. 地域の資源の見える化，つなぐ化に果たす学校の役割の再確認。具体的には小規模校の優位性を明確にすることで統廃合政策を見直し，教育移住や農山村留学などを推進する。
10. つなぎ役としてのコーディネーター（機能・組織・人など）が不可欠。

す。見える化・つなぐ化や子どもと大人の協働による地域づくり，コミュニティビジネス，ソーシャルビジネスなどの活動を通じて，持続可能な地域づくりに参画する人づくりが行われるのです。そして，それらは地域のレジリエンス，回復力の強化につながっていきます。

　国連 ESD の 10 年の終了後も国連とユネスコは ESD に関するグローバル・アクション・プログラムに取り組んできましたが，2019 年末の第 74 回国連総会で「ESD for 2030」すなわち「ESD for SDGs」が決議されました。このことによって，ESD の推進が明記されている目標 4 だけでなく 17 目標すべてを通貫する形で SDGs を推進するために ESD が取り組まれることになりました。ESD は名実ともに SDGs のエンジンとしての役割を期待されています。

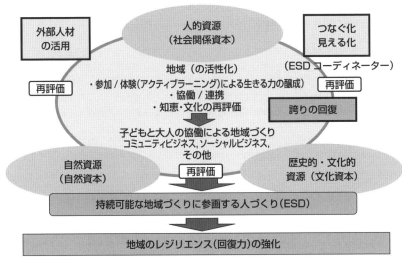

図4　持続可能な地域づくりとしての ESD の役割（阿部，2017）

文　献

阿部　治(編)(2015)．原発事故を子どもたちにどう伝えるか　合同出版

阿部　治(編)(2017)．ESD の地域創生力　合同出版

ESD-J　企業による ESD 宣言
　　　<http://www.esd-j.org/download/ESD_sengen.pdf>（最終閲覧日：2020 年 1
　　　月 30 日）

外務省　持続可能な開発のための 2030 アジェンダ
　　　<http://www.mofa.go.jp/mofaj/files/000101402.pdf>（最終閲覧日：2020 年 1
　　　月 30 日）

外務省　SDGs アクションプラン 2020
　　　<https://www.mofa.go.jp/mofaj/gaiko/oda/SDGs/pdf/actionplan2020. pdf>
　　　（最終閲覧日：2020 年 1 月 30 日）

環境と開発に関する世界員会・大来佐武郎(監訳)『地球の未来を守るために
　　　(1987)．　福武書店

国連広報センター　SDGs
　　　<https://www.unic.or.jp/files/sdg_poster_ja.pd>（最終閲覧日：2020 年 1 月
　　　30 日）

文部科学省　平成 30 年度廃校施設等活用状況実態調査の結果

　　　<https://www.mext.go.jp/component/a_menu/education/detail/__icsFiles/
　　　afieldfile/2019/06/03/1414781_2.pdf>（最終閲覧日：2020 年 1 月 30 日）
内閣府　農山漁村に関する世論調査
　　　<https://survey.gov-online.go.jp/h26/h26-nousan/index.html>
　　　<https://survey.gov-online.go.jp/h17/h17-city/2-2.html>
小田切徳美（2009）．農山村再生　牧野出版
総務省　地域おこし協力隊
　　　<https://www.soumu.go.jp/main_sosiki/jichi_gyousei/c-gyosei08_03000066.
　　　html>（最終閲覧日：2020 年 1 月 30 日）

自然学校と地域創生

増田直広

　ESD による地域創生の主体や拠点としては，自治体や NPO，協議会，公民館，博物館などがありますが，本書では自然学校に着目しています。本稿では自然学校の概要と自然学校が ESD による地域創生の拠点となる理由について述べていきます。

1. 自然学校とは

　自然学校は，自然体験活動や地域の生活文化に関わる地域づくり活動などの多様な教育的な体験活動を通して，持続可能な社会実現に貢献する学校や活動のことを指します。

　日本で自然学校という概念が生まれたのは 1980 年代前半と言われており，この頃にホールアース自然学校や国際自然大学校をはじめとする民間の自然学校が設立され，キープ協会の環境教育事業も始まっています。さらには，1900 年前後から始まった YMCA（キリスト教青年会）やボーイスカウト，ガールスカウトなどの活動に自然学校の起源を辿ることができます。日本の自然学校に影響を与えているアメリカの自然学校はさらに歴史が深く，1800 年代前半にそのルーツを見ることができます。

　従来，自然学校は自然体験活動を通して，環境教育や青少年育成を行うことを主目的としてきました。日本において自然体験活動の普及と指導者の育成を行っている全国体験活動指導者認定委員会自然体験活動部会では，自然体験活動の意義を以下のように定義しています。

　①自然体験活動は，自然のほか，自然と係る人間の生活や他者への関心を高めること
　②自然体験活動は，自然を大切にし，守る気持ちを育てること
　③自然体験活動は，自己肯定感や自尊感情を高め，他者を尊重する気持ちを育てること　　　　　　　　　　　（全国体験活動指導者認定委員会，2014）

　①と②からは身近な自然や生活への興味関心を持ち，それらを守ることを促す環境教育的な要素を読むことができ，①と③からは他者への関心を持つことや自己肯定感，他者を尊重する気持ちを育む青少年教育の要素を読み取ることができます。

　しかし，近年の日本の自然学校は，自然体験活動に加えて地域課題への取り組みの比重を高めており，アメリカとは異なる進化を遂げています。それは，地域創生に取り組む日本型自然学校へと進化していると言っても良いでしょう。

2.　自然学校の広がり

　1996 年に開催された「自然学校宣言シンポジウム」では，日本には 76 校の自然学校があると報告されています。その後，数回にわたって自然学校に関する調査が行われていますが，2002 年に行われた第 3 回自然学校全国調査では約 2,000 校が，2010 年に行われた第 5 回自然学校全国調査では 3,696 校が活動していると報告されました。このように数値の変化だけ見ても，自然学校の輪が確実に広がってきているのがわかります。

　自然学校数が増えているのは，その概念が広がってきているからとも言えます。第 3 回自然学校全国調査報告書では「自然体験活動の受け入れ体制となる施設や組織を特に『自然学校』と呼ぶことにした」（環境省，2003）と定義され，「自然体験活動のための『場』『プログラム』『指導者』を原則として年間を通じて提供できる施設や団体」（環境省，2003）が調査対象となりました。これらからは，自然体験活動を実施することが自然学校の役割であると読むことができます。これに対して，2011 年の第 5 回自然学校全国調査報告書では，自然学校の定義が以下のように整理されています（日本環境教育フォーラム，2011）。

　自然学校の定義 2010
　①「自然学校」とは
　　(1)【理念・意義】活動を通して「人と自然」「人と人」「人と社会」を深
　　　　くつなげ，自然と人間が共生する持続可能な社会づくりに貢献してい

ること。

(2) 【活動】自然体験活動または，地域の生活文化に関わる地域づくり活動その他の教育的な体験活動を，専門家の指導の下で組織的に安全に楽しく実施していること。

(3) 【組織形態】責任者，指導者，連絡先住所，活動プログラム，活動場所，参加者を有していること。

上記要件を満たしていれば，自然学校と名乗っていなくても自然学校として捉えられるようになったことも，その数の増加につながっています。

さらに，上記定義の続きを見ると活動内容の広がりもわかります（日本環境教育フォーラム，2011）。

② 「自然体験活動」について

・自然体験活動は，野外で自然と関わる体験的な教育活動全般を指す。自然体験活動を，組織的，継続的に参加者を得て行っている場合は自然学校とする。

③ 「地域の生活文化に関する地域作り活動」について

・地域の生活文化や伝統的な生業の保全に有益な取り組みを指し，このような地域作り活動を，組織的，継続的に参加者を得て行っている場合は自然学校とする。

上記からは，自然と関わる活動だけでなく，人と自然との関りによって生まれた文化や歴史，産業などを学ぶことも自然学校の活動に含まれることを読み取ることができます。

3. 自然学校の役割

「自然学校の定義 2010 の①」を見ると，自然学校の役割として持続可能な社会づくりに貢献することが求められていることがわかります。

また，広瀬は「自然学校宣言 2011 シンポジウム」（2011 年 3 月）において，自然学校の公式として「自然体験＋社会課題への取り組みと貢献＝自然学校」（立教大学 ESD 研究センター，2011）と紹介しています。自然学校のベースを自然体験活動としながら，社会課題への取り組みを明文化したことに以前の概

表1　類型に沿った自然学校紹介（広瀬，2010をもとに筆者作表）

1　地域・異分野コンソーシアムタイプ 　　交流や相互研究を通して，地域の発展に貢献する
2　社会起業推進タイプ 　　社会の活動にシステムをもって取り組んでいく
3　ネットワーク活用タイプ 　　広域な地域のネットワークを中核にしながら，その取りまとめを行い，マネジメントし 　　ている自然学校の姿，いろんな地域のモデルになってきている
4　地域再生・農的暮らしタイプ 　　過疎地などの現場に入って，地域の方々とともに活動に取り組む

念との違いを見ることができます。社会課題とは，環境問題や地域活性化であり，近年ではSDGs（Sustainable Development Goals ／持続可能な開発目標）も当てはまるでしょう。

　近年では社会課題としての地域づくりや復興支援，災害教育，耕作放棄地対策，獣害対策などへの取り組みを行う自然学校も増えています。自然学校全国調査では各自然学校が取り組む活動テーマについても調査しており，第4回全国調査以前では，①環境教育，②自然保護・保全，③青少年の健全育成が主要3大テーマでしたが，第5回調査では「地域振興」が自然保護・保全に代わっています。「2010年調査では，地域振興が大きく進出し，民においては里山保全，一次産業の理解促進とともに大きく伸びた。地域が課題という近年の傾向が大きく影響していると見られる」（日本環境教育フォーラム，2011）と報告書の中で述べられているとおり，自然学校が地域課題に取り組んでいること，つまり地域創生に注力していることがうかがえます。また，上記報告書では具体的な地域貢献として，「地元雇用」「地域行事への参加」「学校活動への参加」「地域の自然保護・保全の取り組みと還元」などが紹介されています。

4.　多様な自然学校

　1980年代に誕生した自然学校の数や概念が広がってきたのと歩調を合わせるように，多様な自然学校が生まれています。ここでは，広瀬（2010）と西村（2013）による分類を紹介します。

　現在，ESDによる地域創生は，多様な主体や形態で展開されており，今後

表 2　自然学校の 8 つの累計（西村，2013 をもとに筆者作表）

1	民間（独立）型
	1 人，もしくはグループによって資金・労力を持ち寄って起業，設立された自然学校
2	民間（部門）型
	まず経営母体があり，その 1 部門として起業，運営されている自然学校
3	民間（ボランティア主体）型
	施設や専従スタッフを持たず，非営利で市民のボランティアを主体に運営されている自然学校
4	民間（CSR）型
	大企業を中心とした CSR への関心の高まりを背景に設立された自然学校
5	公立（直営）型
	国や都道府県，自治体が設置している青少年教育施設や自然体験関連施設，国立・国定・国営公園などの自然ふれあい施設
6	大学・学校型
	大学や学校が地域社会とのつながりのために開設した自然学校
7	パートナーシップ型
	行政・企業・NPO 等のパートナーシップにより運営される自然学校
8	ネットワーク型
	共通の考えやブランドで連携し，地域全体で活動を推進する自然学校

さらに多様になっていくものと思われます。その際に，様々な形で設立・運営されている自然学校が参考になるのではないでしょうか。

5.　自然学校運動

　自然学校には社会変革につながる運動の側面もあります。降旗（2005）は，1990 年代後半以降の自然体験学習の潮流としての「自然学校運動」の存在を指摘しています。従来の自然体験学習は，自然保護教育と野外教育の中で行われてきました。前者は「人―自然」の関係性に焦点を当て，後者は「人―人」の関係性に焦点を置いていましたが，それらの関係性では限界があるという指摘でした。それらの限界を乗り越える試みとして，「自然学校運動は，こうした両者がもっていた限界を，学習課題を『人―（人と自然の共生体としての）地域』の関係性として再編成することで，従来の運動の限界を乗り越えようとする新しい試みとしてはじまった」と述べています。

　西村（2013）は，自然学校と自然学校運動について以下のように述べていま

す。

　　　自然学校とは，子どもたちへの教育のあり方の問い直し，悪化しつつあ
　　る地球環境をはじめとする人類社会の持続可能性への危機感，地方の過疎
　　化と都会への人口集中などを背景として日本各地に成立してきた「自然体
　　験活動・学習のための場，指導者や教材などを計画的・組織的に提供する
　　主体」だと定義する。そしてこの自然学校の「専門指導者集団」の形成と
　　社会的認知を進めていこうとする動きを自然学校運動と呼ぶこととする。

　さらに西村（2013）は，「ソーシャル・イノベーションを『社会において発
生する諸問題を見出し，自らの関心と思いに基づいた解決策として独創的な事
業手法を開発し，その具体的展開を通じて人と社会との関係へ働きかけ，新し
い社会的価値を創造していくこと』と定義づける」として，その主体としての
自然学校に着目しています。
　両者の指摘から見えてくるのは，自然学校の取り組みは従来の教育や学習の
在り方，地球や地域の持続可能性，農山漁村・都市部問わず地域が抱える諸課
題を見つめ直すことにつながるということです。自然学校が ESD による地域
創生に取り組む必然性が見出すことができます。

6．誇りの回復とインタープリテーション

　小田切（2009）が，中山間地域（農山漁村）における諸問題を整理すると，
①人の空洞化（人口減少），②土地の空洞化（土地の荒廃），③むらの空洞化
（村落機能の脆弱化）の 3 つの空洞化に起因しているとし，そこからさらに深
層で本質的な，④誇りの空洞化が進んでいることを指摘しているのは前掲のと
おりです。これら 4 つの空洞化は中山間地域における問題とされていますが，
一部は都市部にも見ることもでき，特に誇りの空洞化は，中山間地域や都市部
問わず日本各地で大きな問題になりつつあります。
　地域創生において重要なのは住民が地域への誇りを取り戻すことです。その
ためには「地域の承認」と「地域とのつながり」が必要であると筆者は考えて

います。これらに関わってくるのが，自然学校を支える理念であり手法でもあるインタープリテーションです。

　インタープリテーションの本来の意味は解釈や通訳ですが，環境教育やESDにおいては「○○解説活動」（○○には自然，文化，歴史などが入る）と紹介されています。見たり聞いたりするだけでは伝わり難い，自然や文化，歴史の意味や価値を伝える教育活動であり，意訳すれば，自然語（あるいは文化語や歴史語）を人間語に通訳する活動ということができます。

　インタープリテーションの定義として最も知られているものは，フリーマン・チルデンの「単に事実や情報を伝えるというよりは，直接体験や教材を活用して，事実や事象の背後にある意味や相互の関係性を解き明かすことを目的とする教育的な活動」（Tilden, 1957／邦訳，日本環境教育フォーラム, 1994）というものです。上記を自然学校やESDの取り組みに応用するならば，地域資源という事実や情報をただ伝えるのではなく，五感を使った様々な体験や教材などを活用することを通して，地域資源の意味や地域とのつながりを伝えていくこととなります。

　以前から観光や地域づくりの分野にも応用されていましたが，筆者は近年インタープリテーションを通したこの分野での指導者養成事業やプログラム開発に携わることが増えてきており，ESDによる地域創生を展開するうえでも不可欠の教育であることを実感しています。

　以下に地域への誇りを回復するための両輪である「地域の承認」と「地域とのつながり」について説明します。

（1）　地域の承認

　住民が自身の地域を認めることであり，地域住民自身の気づきによるものと，来訪者からもたらされるものとがあります。地域創生のプロセスには自然資源，文化・歴史資源，人的資源などの多様な地域資源の調査と把握があります。この行為に住民が参画したり，調査の成果を学んだりできれば，地域の発見や再発見につながり，地域資源を通して自身の地域を認めていくことになります。また，住民が地域の案内役となり来訪者と接することになれば，来訪者の反応や感動を受け取ることでさらなる地域の発見が促されるでしょう。

　筆者が関わる観光まちづくりや地域づくり分野のインタープリテーション研修が，受講者である住民と地域資源に目を向けることから始まります。「こんな資源があったのか！」という驚きの反応から，それら地域を誇りに思うように至るプロセスを目の当たりにしています。

（2）　地域とのつながり

　地域資源を通して地域を認めることができても，住民がそれら地域資源や地域そのものと「つながっている感」を持たないことには，地域への誇りの回復は進みません。高校野球において，地元の学校の活躍に一喜一憂したり，誇りに感じたりするのは，その学校とつながっている感があるからこそです。

　このつながりづくりにおいてもインタープリテーションや自然学校は役割を果たすことができます。そもそもインタープリテーションは「地域の資源に基づいた教育」（古瀬，2014）と言われており，その資源と住民および来訪者との間につながりをつくり，地域資源を意味づけしていく行為です。インタープリテーションは地域とのつながりづくりを得意とする教育活動なのです。

　このように，地域資源を通した教育であるインタープリテーションを通して，「地域の承認」と「地域とのつながり」が促され，住民は地域への誇りの回復するようになるのです。

7.　ESDによる地域創生の主体としての自然学校

　かねてから，環境教育やESDを効果的に展開していくためには，「場」「プログラム」「指導者」の3要素が必要と言われてきました。これら要素を合わせ持つ自然学校は，ESD拠点であり，ESDによる地域創生の担い手です。

　広瀬は「自然学校宣言2011」シンポジウム（2011年3月）において，自然学校の強みとして，「①高いコミュニケーションスキルを持つ，②機動力のあるチームとネットワークを持つ，③社会課題に対応するミッションを持つ」ことを掲げています。

　阿部（2012）は，自然学校が地域の自然や文化，歴史，人的資源をつながり（関係性）の視点から事業化していることや，地域内外の多様な主体をつなぐ

ハブとしての役割を持っていること，地域共同体の再構築や経済活性化に寄与
していることを指摘したうえで，「ESD 拠点としての自然学校は，持続可能な
社会やサステナビリティというビジョンをかかげ，様々な資源・素材を有機的
（統合的・総合的）につなぎ合わせることで，人づくりを事業化し，社会・経
済的にも地域の自立性を高めること貢献できる施設である」と述べています。

　辻（2019）は，自然学校が現代社会の課題への多様な取り組みをしているこ
とを指摘し，「国連持続可能な開発目標（SDGs）の達成に，自然学校が大きな
役割を担い始めているといえるだろう」と述べています。

　三者が語る自然学校の持つ強みや特性，現状はそのまま地域創生に取り組む
際にも有益なものと言って良いでしょう。やはり，自然学校は ESD による地
域創生の担い手なのです。

　高度経済成長期以降，日本の農山漁村（中山間地域）および都市部には過疎
化や人口集中に起因する様々な社会課題が発生しています。それら諸課題の解
決を図って，教育を通して地域の持続可能性を高めていく取り組みが ESD に
よる地域創生です。社会課題への取り組みと貢献が求められている自然学校に
とって，地域創生に取り組むことは大切なミッションであることが，本書で紹
介されている各自然学校の事情を通して知っていただけることでしょう。

文　献

阿部　治(編)(2017)．ESD の地域創生力　合同出版
阿部　治・川嶋　直(編)(2012)．ESD 拠点としての自然学校　みくに出版
降旗信一(2005)．自然体験を責任ある行動へ―自然体験学習論　朝岡幸彦(編)新
　　しい環境教育の実践　光文堂出版社
古瀬浩史(2014)．インタープリテーションとは　津村俊充ら(編)インタープリ
　　ター・トレーニング　ナカニシヤ出版
環境省(2002)．平成 14 年度中山間地域等における自然体験活動等を通じた地域
　　活性化方策調査（自然体験活動受け入れ体制に関する調査）報告書
増田直広(2018)．持続可能な地域づくりにおけるインタープリテーションの役割
　　―インタープリテーションによる地域への誇りの再生―インタープリターズ
　　フォーラム 2018 要旨集(日本インタープリテーション協会)
日本環境教育フォーラム(監訳)(1994)．インタープリテーション入門　小学館
日本環境教育フォーラム(2011)．第 5 回自然学校全国調査 2010 調査報告書

西村仁志(2013). ソーシャル・イノベーションとしての自然学校 みくに出版

小田切徳美(2009). 農山村再生 岩波書店

立教大学 ESD 研究センター(2011). 自然学校宣言 2011 シンポジウム報告書 自然学校とエコツーリズム

辻 英之(2019). 自然学校 日本環境教育学会他(編)事典 持続可能な社会と教育 教育出版

全国体験活動指導者認定委員会(2014). 自然体験活動指導者(リーダー)講習会講師ハンドブック

自然学校とエコツーリズム

増田直広

　本稿では自然学校と関わりが強いエコツーリズムの概要や地域創生との接点について述べていきます。なお，エコツーリズムは概念や取り組みを指すのに対して，エコツアーとはエコツーリズムの考えに基づいて提供されるツアーやプログラムのことを指します。

　筆者は，ESD による地域創生とほぼ同義と考える持続可能な地域づくりを，「環境教育や ESD の要素を持った内発的な地域づくり」（2018）と定義しており，エコツーリズムやエコミュージアム，グラウンドワーク，ジオパークなど海外から導入された取り組みや地域の学校を拠点としたエコスクール，地元学への取り組みを具体的な事例と考えています。その要件として，①地域資源を活用した環境教育が行われていること，②生涯学習としての環境教育が行われていること，③協働を通した環境教育が行われていること，を掲げています。

1. エコツーリズム

　エコ（エコロジー＝生態学）＋ツーリズム（＝観光）の造語で，新たな旅行や観光の在り方や考え方を指します。エコツーリズムは，マスツーリズム（大量観光）による弊害を解決するための新たな動きとして広がってきたという側面を持ちます。マスツーリズムは，多くの人々にとって観光や旅行を身近なものにしたという功績もありますが，大量観光による地域の自然へのインパクトや都市部主導の観光であること，つまり地域にはお金が落ちないなどの弊害も数多く抱えていました。マスツーリズムに代わるオルタナティブ・ツーリズム（新しい観光）への変化が求められ，1970 ～ 1980 年代にエコツーリズムが誕生しました。

　エコツーリズムは当初国際的にも国内的にも環境に配慮した自然志向の観光として捉えられていました。しかし，特に日本においては自然のみが対象となるのではなく，人と自然との関りによって生まれた文化や歴史，産業などを学

ぶこともエコツーリズムと捉えられるようになってきました。それに伴い，エコツーリズムの舞台は大自然の残る地域だけでなく，農山漁村（中山間地域）も含まれるようになっています。

　2007年に成立したエコツーリズム推進法においては，「『エコツーリズム』とは，観光旅行者が，自然観光資源について知識を有する者から案内又は助言を受け，当該自然観光資源の保護に配慮しつつ当該自然観光資源と触れ合い，これに関する知識及び理解を深めるための活動をいう」と定義されています。ここで言う「自然観光資源」とは，「動植物の生息地又は生育地その他の自然環境に係る観光資源」および「自然環境と密接な関連を有する風俗慣習その他の伝統的な生活文化に係る観光資源」とされています。上記からもエコツーリズムが自然のみを対象とするのではなく，地域の風俗や生活文化を対象としていることがうかがえます。

　アメリカで生まれた自然学校が日本独自の進化をしてきたように，エコツーリズムも日本型とも言える形に広がってきたと考えられるでしょう。

2.　エコツーリズムの歴史

　エコツーリズム誕生のきっかけには，1972年の国際連合教育科学文化機関（ユネスコ）総会で採択された世界遺産条約があり，これを契機に人類の財産である文化遺産や自然遺産を保護・保存しようという動きが進んでいきました。この流れを受け，エコツーリズムは1970 ～ 1980年代に主に発展途上国での自然保護対策から生まれ，その概念が発展していきました。

　さらに1990年代には国内外での実践が広がっていきます。日本においては，1989年の「小笠原ホエールウォッチング協会」設立に始まり，1990年代に西表島や屋久島，知床でのエコツアーの活動がスタートしています。

　2000年代に入ると，エコツーリズムは世界的な動きへと広がりました。2002年が国際エコツーリズム年に定められ，持続可能な観光としての原則や指針がまとめられました。この頃から日本におけるエコツーリズムは独自な形で拡大していきました。先述の通り大自然だけでなく農山漁村（中山間地域）が舞台となり，自然資源だけでなく文化や歴史，産業などの資源から学び，そ

れらを守ることもエコツーリズムとなっていったのです。

　現在，世界において，エコツーリズムは持続可能な観光としての側面がさらに強くなっています。それは，2015年にSDGs（Sustainable Development Goals／持続可能な開発目標）が「国連持続可能な開発サミット」で採択されたことも影響しています。2030年までに達成を目指す国際的な目標であるSDGsは，17の目標と169のターゲットから構成されており，持続可能な開発の3要素である「経済開発」「社会開発」「環境保全」を調和させる目標と考えられており，観光分野においても重要な視点となっています。また，日本においては2011年の東日本大震災を契機に，エコツーリズムが持つ災害復興支援機能が注目されています。災害が頻発する近年においてこの側面はさらに大きくなると考えられます。

3.　エコツーリズムの定義

　エコツーリズムの定義は国や団体によって異なります。ここでは3つの定義を見ていくことで，エコツーリズムの要点を確認します。

　上記やエコツーリズム推進法の定義から，エコツーリズムのキーワードとして，①環境への配慮，②経済的な貢献，③資源を活用，④環境教育，をあげることができます。各団体の定義や上記共通キーワードなどを踏まえて，筆者は

表1　エコツーリズムの定義（筆者作表）

・世界自然保護基金（WWF）の定義（1991年） 　　保護地域のための資金を生み出し，地域社会の雇用機会を創造し，環境教育を提供することによって，自然保護に貢献するような自然志向型の観光
・日本自然保護協会の定義（1994年） 　　旅行者が，生態系や地域文化に悪影響を及ぼすことなく，自然地域を理解し，鑑賞し，楽しむことができるよう，環境に配慮した施設および環境教育が提供され，地域の自然と文化の保護・地域経済に貢献することを目的とした旅行形態。
・日本エコツーリズムセンターの定義（2007年） 　　地域の特色ある自然・文化・暮らしへの理解を深める旅行や交流活動によって，地域の環境保全や産業振興につながる，仕組みづくりのこと。

「エコツーリズムとは地域資源を活用し，経済的にも・社会的にも・環境的にも地域に貢献する，人と自然・人と人・人と社会との関係を見つめ直す ESD 型の旅行や観光のあり方である」と定義しています。経済的な貢献とは地域にお金を落とすことを指し，社会的な貢献とは一見お金になり難い教育や医療，福祉面への貢献を指します。さらに，環境的な貢献とは，地域の環境に配慮するだけでなく積極的に改善・向上させることを指します。上記定義は ESD による地域創生と非常に重なるものと考えています。

4. エコツーリズムと自然学校

　エコツーリズムの主体は，自治体や協議会，旅行会社，観光協会などありますが，代表的な担い手として自然学校をあげることができます。西村（2013）は「自然学校は日本各地における『エコツアー』『エコツーリズム』の具体化に向けても先駆的な役割を担った」と述べ，広瀬（2014）は同じ時期に誕生し，成長してきたエコツーリズムと自然学校との関係を「日本社会という環境の中で同時に成長・発展を続ける，まさに『双子のきょうだい』なのです」と紹介しています（図1）。図1を見ると，エコツーリズムと自然学校が地域振興を支えていることがわかります。地域振興は地域創生と置き換えることもできるでしょう。

　一方，自然学校からエコツーリズムを見てみても両者の関わりの深さを読み取れます。第5回自然学校全国調査報告書（2011年）では，「自然学校が行う活動は野外での参加体験型で自然体験や地域文化体験がメニューであり，移動距離の長短に関わらず，多くの活動が『旅行』の形態をとる。当然，自然学校では環境負荷への配慮を行うので，論理的には自然学校の活動の大半はエコツーリズムやエコツアーである」と述べられています。

　エコツーリズムと自然学校共にその発展の過程で，自然資源と関わる活動だけでなく，人と自然との関わりによって生まれた文化や歴史，産業などの資源と関わる活動も取り入れていくことで「日本型エコツーリズム」，「日本型自然学校」として発展しました。同時に，エコツーリズムと自然学校との関係性も強くなってきたと言えるでしょう。

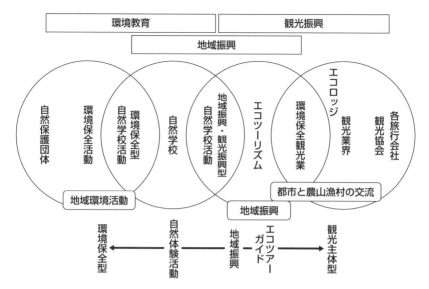

図1　エコツーリズムと自然学校（広瀬，2014 をもとに筆者作図）

5. エコツーリズムと地域創生

　阿部（2017）は，地域創生を「住民一人ひとりが地域の多様な資源とかかわり地域との関係性を主体的に深めていくことで創り上げる，環境・経済・社会・文化のトータルな視点で持続可能かつ災害からの回復力（レジリエンス）が高い地域社会づくり」と定義しています。筆者は「住民一人ひとりが地域の多様な資源とかかわり地域との関係性を主体的に深めていく」ために有効なのが，エコツーリズムが持つ体験や交流の活動であると考えています。

　はじめに体験の有効性について述べます。新しい学習指導要領でキーワードとなっているアクティブ・ラーニングは，「主体的・対話的で深い学び」と紹介されています。アクティブ・ラーニングに有効なのが環境教育や ESD が持つ，参加や体験の要素と考えられています。これらの要素を通して，学習者は身近な環境や地球環境に対して関心を持ち，自分自身とのつながりを発見し自分ごととして主体的に捉えていくことにつながっていきます。

　エコツーリズムを進める際には，地域資源の調査や創出が必要です。専門家による調査も必要ですが，何よりも地域住民が参加することが不可欠です。地域資源の調査に参加するという体験を通して，地域住民は自らの地域への気づきや発見を促され，主体的に地域に関わるきっかけを得ることができます。筆者は山梨県北杜市において，エコツーリズムの取り組みとしてフットパスコース作りに参画したことがあります。観光関係者とともに踏査を行い，意見交換をしながらコースを設定していくのですが，毎回発見の連続で自身が住んでいる地域の魅力を体感するとともに，地域への関わりが深くなっていったことを覚えています。

　次に交流の有効性について述べます。交流には住民同士の交流もあれば，住民と来訪者による交流もあるでしょう。年齢や居住地，価値観などが異なる人同士の交流は双方にとって，気づきや発見を促すことになるでしょう。エコツーリズムや自然学校によるエコツアーが果たしている役割はここにあります。地域住民は住民同士，あるいは来訪者との交流を通して自身の地域を見つめ直し，誇りを取り戻していくことになります。来訪者は地域住民との交流を通して，自身の地域や生き方を見つめ直すことになります。エコツアーによる交流をきっかけに自身の地域で活動を始める人もいれば，生き方を見つめ直すことによって田園回帰・地方回帰の動きも生まれています。

　さらにエコツーリズムは，地域創生に対して経済的なメリットをもたらすこともできます。地域への来訪者を受け入れることで，宿泊や飲食につながり，様々な体験活動の参加料を生み出すことも可能となります。着地型観光と言われる地域主導の観光を志向することで，大きな額でないものの，地域でお金を生み出すこともできるのです。2019 年から林野庁は森林サービス産業の創出に取り組み始めています。「観光」「健康」「教育」の視点で森を見つめ直し，山村地域に雇用や収入を生み出すことを目的としていますが，エコツーリズムやＥＳＤによる地域創生と重なるものと言えるでしょう。

　この際に重要なのが，経済的なメリットのみを追いかけるのではなく，ESDや SDG ｓを支える 3 要素である「経済」「社会」「環境」のバランスを取ることです。そうしないと，マスツーリズムの繰り返しとなってしまい，エコツーリズムや ESD による地域創生が成立することはないでしょう。

　日本のエコツーリズムは，2000 年代に入ってからより身近な地域に目を向けていくことで独自に進化してきました。それを広瀬（1994）は，「この 10 数年，里山や中・小規模の町で展開されてきた活発な交流活動が下地になって生まれた日本社会に特化したエコツーリズムです。地域社会を舞台にしたエコツーリズムは地域の価値を再発見し，地域の誇りを再生する活動」と述べています。つまり，エコツーリズムは地域創生に不可欠な地域の誇りの再生を目指す活動と言えるのです。

　自然学校とエコツーリズムのつながりについて述べてきましたが，ESD による地域創生との関係性も見えてきました。日本各地に存在する自然学校は，エコツーリズムの担い手でしたが，同時に ESD による地域創生の実践者でもあります。やはり，日本各地で持続可能な地域社会づくりを進めるに当たって，自然学校は大きな役割を果たすと言えるでしょう。

文　献

平井純子(2019)．エコツーリズム　日本環境教育学会他(編)　事典 持続可能な社会と教育　教育出版

広瀬敏通(2014)．エコツーリズム・エコツアーとインタープリテーションとは　津村俊充他(編)インタープリター・トレーニング　ナカニシヤ出版

環境省(2007)．エコツーリズム推進法
　　<https://www.env.go.jp/nature/ecotourism/try-ecotourism/law/law.html>
　　(最終閲覧日：2020 年 1 月 30 日)

増田直広(2002)．持続可能な地域づくり 坂本辰郎他(編)　新教育事典　勉誠出版

増田直広(2018)．持続可能な地域づくりにおけるインタープリテーションの役割
　　〜インタープリテーションによる地域への誇りの再生〜　インタープリターズフォーラム 2018 要旨集　日本インタープリテーション協会

日本エコツーリズムセンター
　　<http://www.ecotourism-center.jp/staticpages/index.php/ecotourism04>
　　最終閲覧日 2019 年 11 月 11 日

日本環境教育フォーラム(2011)．第 5 回自然学校全国調査 2010 調査報告書

日本自然保護協会(1994)．NACS-J エコツーリズム・ガイドライン

西村仁志(2013)．ソーシャル・イノベーションとしての自然学校　みくに出版

敷田麻実(編)(2008)．地域からのエコツーリズム　学芸出版社

「森林サービス産業」検討委員会 (2019)．「森林サービス産業」の創出に向けて

薄木三生(1992)．国立公園，No.501.

第2部
自然学校が取り組む多様な地域創生

ホールアース自然学校

- ・代表者：広瀬麗子・山崎　宏・平野達也　・設立年：1982年
- ・所在地：〠419-0305　静岡県富士宮市下柚野165
- ・電　話：0544-66-0152・FAX:0544-67-0567
- ・URL：https://wens.gr.jp/
- ・主な活動：①自然体験／文化体験／環境学習プログラム（※野外キャンプ・エコツアー・リトリート・食育・森林整備・竹林整備など），②上記①に係る「指導者」「ガイド」の育成，③企業の環境活動／社員研修の支援，④行政事業の受託（※環境・農林・教育・観光などの分野），⑤農業・ジビエ事業，⑥上記①〜⑤を通じた地域活性支援，⑦国際協力（※エコツーリズム・環境教育），⑧災害復興支援

山崎　宏

1. ホールアース自然学校の概要

(1) 組織の特徴

　ホールアース自然学校は「株式会社ホールアース」，「NPO法人ホールアース研究所」，「農業生産法人株式会社ホールアース農場」という3つの法人を有するハイブリッド型の自然学校です。これは，社会の変化に合わせて活動領域を拡大・深化させることにより，クライアントや事業パートナーが多様になるなか，自らの可能性を最適化させようと挑戦を続けた結果と言えます。2019年11月現在，静岡・沖縄・福島・新潟の4県に計7つの拠点を有し，それぞれの地域の皆さまとともに歩みを進めています。

(2) ミッション

　一人ひとりが「人・自然・地域が共生する暮らし」の実践を通じて感謝の気持ちと誇りをもって生きている。それが，ホールアースが実現したい社会の在り方です。そのために，

　　①誰もが自然・地域の一員であることを自覚し，それぞれの立場で行動している，

　　②地域の生物多様性が，維持・回復に向かっている，

③地域で多様な生業が成り立ち，定住・交流人口が増え，文化が価値あるも
　のとして継承されている，

という3点を長期目標に掲げ，企業・行政・NPO・市民など様々なセクター
の皆さまと，協働の渦を生み出しています。

(3)　活動事例

　複雑化する環境問題に対し，「自然学校」という手法を用いて，主に「教育」
「地域づくり」という視点からアプローチしています。創設者（広瀬敏通・麗
子）が1960〜70年代にアジア各国で体感した「人と自然が，互いに生かし
（活かし）生かされて（活かされて）いる関係の大切さ」，「自然と対話する感
性（＝「自然語」※広瀬の造語）の大切さ」を伝えることがすべての活動の根
幹です。人口数千人程度の小さな町で生まれた活動ですが，企業・学校・行政・
市民等々，多様な主体との「連携のハブ」となることを意識し，“小さな組織
の小さな渦（活動）”を，“社会のうねり（社会的成果）”に育て上げることを
常に試みています。また，こうした取り組みを支える人材の育成プログラムに
ついて早期より力を注ぎ，全国各地でノウハウを公開。数多くの人材を輩出し
ています。

●活動例①：教育旅行プログラム

　年平均約220校の小中高校生を対象に自然体験プログラムを実施していま
す。年平均参加者数は約2万5千人。教育旅行プログラムに限定しても，創設
以来，数十万人を対象に実施した計算になります。教科にない「環境教育」を
学校教育の仕組みに組み込む一例であり，そのノウハウは各地に共有されてい
ます。

●活動例②：企業セクターとのコラボレーション

　現場での実践者としての「自然学校」と，社会に大きな影響力を有する「企
業」の相乗効果を発揮させた活動を意識しています。企業の環境活動について
は，大手企業から地元中小企業まで年間平均約20社を支援。

　「企業が変われば社会が変わる」ことを信じ，企業側との丁寧なコミュニ

ケーションを軸に活動を進めています。また，近年は社員向けの研修も多数実施。協調性やリーダーシップ，コミュニケーション力などをテーマにした自然体験型研修が中心になります。

●活動例③：キャンププログラム

「自分以外の他者や自然，生き物たちに思いやりを持つ」，「世の中には様々な世界や価値観があることを知る」，「物事を自ら考え，行動できるようになる」という３つのねらいを大切にしています。キャンプといういわば“小さな社会”の中で，参加者一人ひとりがこれらの素養を身につけ，「自分らしくよりよく生きる」こと。その積み重ねが持続可能な社会をつくっていくと考え，そうした社会を支える人の心の“根っこ”を育てるため，年齢・対象に応じて様々なキャンプを行っています。

(4)　活動の成果例

●成果例①：環境教育

「教育」活動の真の成果は測り難いですが，約40年にわたり年間数万人の人々に対し環境教育プログラムを提供してきました。その総数は百万人の単位に達すると推定されます。「学校教育」では重点的に触れにくい環境教育について，「社会教育」の分野で役割を果たしています。指導者同士の交流や研修も積極的に展開し，教育プログラムの質的向上も図っています。

●成果例②：人材育成

当該分野の草分け的存在として，自然体験，エコツーリズム，環境教育の分野に「指導者」や「企画者」として携わる人材の育成を20年以上継続し，輩出した人材は国内外で広く活躍しています。自前の人材育成事業のみならず，企業や行政等との連携事例が多い点も特徴です。

●成果例③：国際協力

富士山を訪れる世界各国のゲストに自然体験プログラムを提供するほか，JICAや国際交流NGO等を通じて，環境教育／エコツーリズムの方法論や，

自然学校の運営ノウハウ等を世界各国へ移転。各国行政官・教育関係者等を受け入れています。近年は中国本土に出向き，自然学校の運営手法や中国国内での人材育成の在り方等に関するアドバイスも実施。また，自組織だけでは対応不可能な国際的課題については，「ホールアース＝ひとつの地球」の理念に則り，当該課題の解決に尽力しているNGO等を支援（寄付・会員登録・商品購入等）することで，間接的な国際協力も実践しています。

(5)　多様なスタッフが生み出す「これから」

　ホールアース自然学校の強みはスタッフの多様性です。ラジオDJ，脚本家，教員，ツアーコンダクター，消防士，不動産デベロッパー，オーダーメイドシャツ職人，寿司職人などなど，様々なバックグラウンドを持ったスタッフが静岡，新潟，沖縄，福島をベースに約40人在籍しています。

　バックグラウンドとともに，当然スタッフ個々人の持つカラーや興味分野も異なるため，同じ組織内であっても，性格の違った多様なプロジェクトが生まれ，このことも組織の強みとなっています。

　なお，スタッフがプロジェクトを立案する際には，「事業性」「社会性」「自己実現性」が問われます。「ビジネスとして成立するか」「よりよい社会の形成に寄与できるか」「自分自身のやりたいことが実現できるか」の3点です。「事業性」がなければ打ち上げ花火で終わってしまい，「社会性」がなければ社会に変化をもたらすことができず，「自己実現性」がなければ主体的かつ楽しみながら仕事に取り組むことができないため，それぞれの要素が欠けていないかをその都度問われることになります。3つの軸を倒さずに仕事を続けることは難しいですが，持続的に，意義を持って，楽しく，仕事をするためには欠かせない要素であると考えています。

　今や全国に数千ある自然学校の草分けとして，1982年に動物農場という形で誕生したホールアース自然学校。里山を拠点に，家畜動物や自然と向き合いながら，子どもたちを中心として，実直に活動を続けてきました。自然と共生することの大切さを伝えるため，「実践主義」という考え方に基づき，農業を始め，野生鳥獣の命をいただき，まずは自らが自然との共生を実現できるよう心がけています。ありがたいことに，私たちの考え方や取り組みに共感してく

れる方も，約40年の時間の分だけ増えてきました。

　しかし，私たちが今アプローチできているのは，自然やアウトドア，農的な暮らしに興味のある人，山のそばで生き，働く人など，ごく限られた層の人が中心です。今後，自然とのつながりを日常の中で意識することの少ない人々を新たな仲間として増やし，異分野とつながることで新しい価値を創造するためにも，自然に触れた経験の少ない人や，都心で暮らし働く人，異なる考えや感性を持った人々にアプローチしていく新たな取り組みが，多様なスタッフたちにより創り出されることが期待されます。

2.　地域創生への取り組み

(1)　伴走＆ノウハウ移転による地域振興事業

●概　要

　約40年にわたり継続してきた「自然学校」という活動。そのなかで積み重ねられてきた多種多様なノウハウを地域創生に活かす事業が近年増えてきています。その1つが，静岡県富士宮市猪之頭地区での取り組みです。人口が800人に満たない小さな地域ですが，富士山をはじめとする周辺の山々に育まれた豊かな湧水に恵まれています。多くの農村同様，少子高齢化が進行しているなか，住民が主体となり様々な地域振興策を展開しています。

　創設以来，いくつかの場面で当地にお世話になっていた縁もあり，2017年，自然・文化を活用したツアーやイベントの企画・実施を担うことを期待され，「猪之頭振興協議会」のメンバーに加えていただく機会を得ました。行政や企業の支援もいただきながら，季節ごとにモニターツアーを展開。参加者からのアンケートや地域住民のコメントなどを参考にしながら，ブラッシュアップを繰り返しています。

　参加者からの評価はもちろん，ともに企画・実施をした地域の皆さんの笑顔は何よりも嬉しいものです。ホールアース自然学校の拠点は富士宮市下柚野地区。同じ市内とはいえ，私たちは「よそ者」です。求められるのは，猪之頭地区の皆さんが主役となる地域振興のお手伝いです。「楽しそうだ」「やってみよう」という機運が醸成されてこそ，役割を果たしたと考えています。ツアー実

施後の「笑顔」はその第一歩だと捉えています。

●成　果

　地域住民との散策を繰り返し，資源（自然・食・文化等）の再発見と，その
プログラム化が進んでいます。実施したモニターツアーを通じて，蕎麦打ち，
林業体験，湧水めぐり，鹿革クラフトなど，いくつかのメインプログラムも確
立されてきています。

　また，最終的には私たちに代わり地域の有志がツアーガイドを担うことを
想定し，「体験指導のスキルアップ研修」を実施しているほか，「インタープリ
テーションの基礎テキスト」「地域資源のガイドブック」などを作成しました。

　こうした具体的な取り組みを経て，住民の中に関心の輪が広がりつつあり，
ガイド役を担い始めた方，蕎麦打ち体験等で指導役を担い始めた方，民泊の準
備を始めた方などが生まれています。同時に，地元住民が中心となりNPO法
人も設立。着実に前進しています。

●今後の展望

　当地での体験交流プログラムをワンストップで受け付けられる事務局を設置
することが求められています。そのためには専従者を1名配置できる程度の売
上確保が必要となります。ホールアース自然学校および関係者の知恵を移転し
つつ，こうした活動が安定した収入につながるという実感を持ってもらえるよ
う，伴走を続けていきたいと考えています。

●他地域での同様の事例

　このように，ホールアース自然学校のスタッフが地域（中学校学区程度）で
伴走し，そのノウハウを移転しながら，当該地域の振興に寄与できるよう試行
錯誤が続けられているケースが増えてきています。例えば，高知県大川村や福
島県郡山市湖南町などをあげることができます。後者では，ホールアース自然
学校スタッフと地域の区長会が中心となり，「住民アンケート」を実施（回答
者数2,000名以上）。地域の課題や魅力を客観的に把握し，町づくりの次の一
歩を地域ぐるみで考え，進める仕組みづくりに貢献しています。ここでは，自

然体験の実践者としての役割のみならず，地域内での調整役・進行役としての役割が重要であることが示されています。

（2）　無農薬・無化学肥料農業

●概　要

ホールアース自然学校（富士山本校）は，これまで洞窟探険や熱気球，富士登山など，大自然の中で数々のダイナミックなプログラムを展開してきましたが，その活動基盤は常に人の暮らしが息づく富士宮市柚野地域の里地・里山でした。時代が変わっても，ニワトリやヤギなどの家畜動物を飼うことを止めませんでしたし，どんなに忙しい時も田んぼや畑の管理は続けてきました。それは，生き物や食べ物と真剣に向かい合うなかに暮らしの原点があり，日本型自然観の源があると考えてきたからです。

一方，自然学校としての活動が軌道に乗り，多くの若いスタッフが集まり，地域に居住し始めると，当初はなかった様々な要請が生まれてきます。手入れが行き届かなくなった竹林の整備，担い手が高齢化している祭りの準備・実施，地元の小学校への出前授業などです。

田畑の管理についても同様で，元々小さいながらも田畑の管理をし，自然学校としての体験プログラムのフィールドとしても活用していたことを知っている地域の方々は，高齢化等で手入れが困難になった農地の管理を私たちに託してくれようとしていました。

こうした状況を組織として検討し，ここには自然学校としての新たな役割があること，また自然学校の現代的な価値を示すチャンスとなり得ること，つまりは地域の課題解決にコミットできる可能性があることを確認。2011 年，体験農場ではなく，本気農業による農地管理に乗り出すべく法人を設立するに至りました。

●成　果

先輩農家からのアドバイスやネットや書籍での情報収集，そして日々の試行錯誤を経て，年間で約 80 種類の米・野菜を栽培できるようになりました。1 〜 2 名のスタッフによる作業ではありますが約 3ha を耕作しています。無農

薬・無化学肥料での栽培も堅持しています。中山間地の小さな農業ではありますが，耕作放棄地の減少や農村景観・農村生態系の維持に貢献できていると考えています。

　また，富士山西麓は新規就農の有機農家が比較的多いため，ネットワークを組みながら，単一農家だけでは困難な幅広い情報発信や都市部での顧客開拓を行うことで，地域全体でのブランド構築に踏み出しているのも特徴です。

●今後の展望

　本気の無農薬・無化学肥料農業を「実践」しているからこそ，「当事者」として伝えられるメッセージがあると信じ，「自然学校」のノウハウを活かしながら，農地の高付加価値化を目指したいと考えています。そのためには，従来，農業者に与えられていた農業生産という役割を超えた，流通・人材育成・交流・教育・環境保全などの領域に活動を拡大させる必要があります。

　「半農半X」という，農業，あるいは自給的農家と自らの特性・個性を活かしたシゴトを組み合わせた生活が一部の若者に受け入れられています。いわゆる兼業農家とはニュアンスが異なり，"生き方・暮らし方"の一つの表現と見ることができるでしょう。生き方の選択肢が多様である現代，農村で暮らすことはもはや特別なことではありません。新しい挑戦の舞台やビジネスチャンスにも溢れています。ホールアース自然学校は，このような若者たちの受け皿として機能し，熱意と能力のある人材が活躍できる環境になり得ると考えています。ここで生まれるダイナミズムを農村が取り込み，活かすことで，本来農村がもつ価値を再発見し，未来を描くエネルギーに変えていくことができるのではないかと思うのです。

　事実，近年のホールアース自然学校は，農業だけでなく，森づくり，健康，食，野生動物との共生といった地域が有する様々なテーマに対して具体的，実践的な取り組みを続けています。どの活動にも共通しているのは，自治体や企業，市民，教育機関，あるいは医療機関といった多様な主体との連携を推進し，それぞれの強みを引き出し融合することで，より高い効果を求めている点です。複雑化する社会問題に対応するにあたり，単一組織が果たすことのできる役割は極めて限定的で，小さいものです。

「子どもたちに本物の自然体験を」という想いからスタートした私たちの活動は，時代の変化とともにその役割を拡大し，地域の連携拠点としての機能を備えつつあります。

（3）　ジビエ事業
●概　要

2000 年に入った頃から，富士山の自然に関わる多くの人たちは山麓の森の様子が変わってきていることに気づき始めていました。雑木林ではササ原や藪が少なくなり，広葉樹の幼木を見かける機会が少なくなってきました。また，注意をして観察すると，針葉樹の森では木の皮が食べられてしまう「樹皮剥ぎ」の被害が増えていました。シカやイノシシが急増していたのです。

やがて，シカやイノシシは食物を求めて集落近くにも来るようになりました。田畑にも入り込み，周辺の市町村では多額の農業被害が報告されるに至りました。

シカやイノシシは条件がそろうと急速に生息数を伸ばすと言われています。一方，それらを捕獲する猟師の数は高年齢化に伴い減少傾向にありながらも，年間の捕獲数は増えていて，猟師 1 人あたりの負担が増加傾向にあるという状況に陥っていました。

では捕獲された野生鳥獣はどうなるのでしょうか。昔ながらの狩猟では，大勢の仲間と協力して山に入り，獲った動物は仲間と山分けをして大切に食べていました。しかし，現在では，夏場の駆除捕獲では 1 人あたりの捕獲数も増え，個人消費では追いつかないのが現状であり，食べきれない獲物は山に穴を掘って廃棄されるケースも多くなっています。こうした状況に多くの猟師は心を痛めていました。

ホールアース自然学校では，この課題にコミットするため，まずはスタッフ 4 ～ 5 名が自ら狩猟者となり捕獲を始め，大人から子どもまで幅広い年代の方々にジビエ料理教室やシカ革クラフト教室等に参加してもらうことで，この問題を知ってもらう活動を行ってきました。あわせて，狩猟者が少しでも育成されることを願い，狩猟の魅力や意義を伝えるワークショップや狩猟技術講習会も開催してきました。

　そうした取り組みを続けるなか，地域の猟友会の皆様や行政からの後押しを受け，2018年に野生鳥獣解体処理施設「富士山麓ジビエ」を開設するに至りました。

●成　果

　多くの関係者の支援もあり，「富士山麓ジビエ」の取り組みは徐々に地域内外で知られるようになってきました。所長を担う浅子のもとには，地元の猟師さんから「捕れたよ！」の連絡が入ります。その個体の状態や大きさなどを確認して定められた金額で引き取ることになります。無駄のない手さばきで丁寧に解体処理をすること，肉を部位ごとにパッキングしてレストランや居酒屋などへ売ること，決して簡単ではないこれらの作業を，日々の試行錯誤を経て安定的に進めることができるようになりつつある点は，オープン以降の大きな成果だと言えます。

　また，2019年からは地元の食肉加工業者さんとともに鹿肉ソーセージの開発にもチャレンジするなど，ジビエの可能性の開拓にも新たな一歩を踏み出しています。

　なお，静岡県庁の報告によると，富士山周辺でのシカの捕獲実績は一定の成果が見込まれており，推定生息頭数の増加傾向は抑えられている状況であるとのことです。

●今後の展望

　「富士山麓ジビエ」の建屋の大きさを考慮すると年間の受け入れは100〜150頭程度で推移する見込みです。この施設でできることは限定的ですが，これからも「地域生態系の保全」と「小さな経済循環」を両立させる試みを続けていきたいと思います。そして，それらを支える「技術継承」と「環境教育」も同時に進めることが自然学校である私たちの使命であると考えます。大切なのは，それらをホールアース自然学校のみでは実施不可能であることを認識し，地域の多様なステークホルダーとの連携のなかで実現させることです。さらには，この地域ぐるみの試行錯誤を他地域へ公開することで，里山における野生鳥獣との共生への取り組みの全国的な推進に貢献していきたいと思ってい

ます。

3. ステークホルダーからみた自然学校

（1） 猪之頭振興協議会会長　佐野順一氏

　静岡県富士宮市猪之頭地区は富士山西麓に位置する人口約770人の集落です。約1,000haに及ぶ森林と豊富な湧き水に支えられた農地を抱え，いたる所から雄大な富士山を眺めることができるのが特長です。一方，少子高齢化が進み，基幹の第一次産業への影響が懸念されるなか，農業振興や移住定住促進など様々な策を進めているところですが，当地のファンを増やしていくうえで，地域内に存在する豊富な湧水群や陣馬の滝，田貫湖，小田貫湿原などの自然資源を十分活かしきれていない実情もあります。

　ホールアース自然学校さんには自然体験プログラムの専門家として，猪之頭の自然・文化を活用したツアーやイベントの企画・実施を担ってもらうことを期待し，「猪之頭振興協議会」のメンバーに加わっていただきました。これまでに，四季折々の魅力を盛り込んだ日帰りツアーや，近隣のキャンプ場を活用した宿泊型の自然体験プログラムなどを実施してもらい，参加者から好評を得ています。ツアーの本番では，一部分，地域住民にも登場の機会が設けられており，小さな自信にもつながっています。

　あわせて，こうした体験プログラムの指導を地元猪之頭の住民が主体的に担えるようになるための基礎講習の実施やガイド手法をまとめたテキストの作成，来訪者に手渡すイラストマップの作成などにも力を貸してもらい，大変心強く感じています。

　こうした取り組みを経て，地域内でも「体験交流」という切り口が持つ可能性を実感してくれている住民が増えてきており，将来的には食事提供や農家民泊，土産物販売などにもチャレンジしていけそうな雰囲気が醸成されつつあります。また，国や自治体も，当地のこうした動きを評価してくれており，様々な支援やアドバイスを提供していただけるようになりました。

　小さな集落ではありますが，急速に物事を動かすことは難しく，できることから一歩一歩進めていかざるを得ません。その意味において，同じ富士宮市内

で活動されているホールアース自然学校さんが，移動の負担等も少なく，継続的に関わりを持ってくれており助かります。

　おかげさまで，2018年度にはこうした活動を主体的に担うNPO法人の設立も実現しました。いよいよ本格的に当地の振興につながる体験交流企画が求められます。これからも良き仲間としてともに歩んでいければと思います。

(2)　郡山市湖南町区長会会長　小山伝一郎氏

　郡山市湖南町は，福島県のほぼ中央に位置する猪苗代湖の南に位置し，標高約550m，積雪量は1mを超える中山間豪雪地域です。昭和の大合併で郡山市となった湖南町は，市街地からは車で約45分，公共交通機関はバスに限られ，その運行本数も現在では，曜日を限定した朝晩の2本のみとなっています（2019年11月）。

　2018年当時，私は湖南地域総合促進協議会の会長を務めていました。ホールアース自然学校さんが湖南町に事務所を構えられた2014年当初から，自然学校として湖南町にたくさんのお子さんたちを引率され，地域の自然環境を生かしたキャンプや体験活動を行っていることは知っていました。しかし「町づくりの活動を一緒に」というお話をもらうとは思ってもみず，はじめに「これからの湖南町を考えるために，住民の方々が今何をどう思っているのか，中学生以上の全員にアンケートを実施したい」と聞いた際には，当時の湖南区長会長であった満田仁一氏と，とても驚いたことを覚えています。

　2018年8月に協働する形で実施させていただいた「町づくりのための湖南町住民アンケート（以下，住民アンケート）」は，我々地域の住民（区長会）と，NPOであるホールアースさんが行う，湖南町で初めての市民主導のアンケートとなりました。

　12歳以上の全住民を対象としたアンケートは，回答者数2,000名を超え，回収率78.8％を記録する大規模調査。これもひとえに，企画から資金調達，さらには集計分析にご尽力いただいたホールアース自然学校のみなさんの想いが，区長会関係者はじめ，地域の住民一人ひとりを動かした結果であると考えています。決して我々だけでは，このアンケートを実施しようと思いつくことも，実施にこぎつけることもできなかったことでしょう。

　実際に湖南町の中で日々活動され，精力的に活動する市民グループや地域の学校にお子さんを通わせている保護者の方々など世代を超えた関係性を築いてこられ，同時に，我々住民の想いや文脈を汲んでくださるからこそ見えてきた点がありました。例えば，個人の想いや考えが共有・可視化されないことから世代間で意識のズレがあること，また，我々が懸命に取り組んでいる "安心・安全なまちづくり" はもちろんのこと， "可能性が感じられる，魅力的なまちづくり" がもうひとつの車輪として必要ではないかという視点などです。

　現在では，地域に唯一存在する高等学校である福島県立湖南高等学校が2020年度からコミュニティスクールとなるにあたって，実際に教鞭をとっていただきながら，学校と地域の橋渡しとしても活躍していただいております。2020年を目前に人口3,000人を切る小さな湖南町の，チャレンジをともに仕掛けていく仲間として，欠かすことのできないパートナーとして，これからもともに町づくりに取り組んでいきたいと思います。

(3)　株式会社フロンティアスピリット代表取締役　遠藤淳氏

　東京の江東区門前仲町でダイニングレストラン「肉菜処和心」などを経営しています。食材に対しては，安心で安全，新鮮で美味しいという点に強いこだわりを持ち，心を込めて調理しています。また，当社の基本理念では「飲食店運営×農業×狩猟×漁業で日本活性化！」を謳い，飲食店経営を通じて日本の地域社会の発展に貢献することを目指しています。

　ホールアース農場さんとは2014年の「肉菜処和心」開店以来のお付き合いとなります。雄大な富士山の麓，無農薬・無化学肥料で栽培された野菜はどれも非常に美味しく，自信を持って提供することができます。お店では時々，お客様に生でかじっていただき，野菜本来の旨みを感じ取っていただくこともあります。丁寧に生産された新鮮野菜は，「スーパーのものより味が濃い」，「シンプルな味付けでも楽しめる」など，とても良い評価を得ています。

　私たちがホールアース農場さんの野菜を重宝する理由は，「味」や「農法」への評価だけではありません。「自然学校」という活動を通じて，農村が持つ大切な価値を社会に向けて発信し続けている点にも強く共感しています。

　彼らが富士山の麓でどのような活動を展開し，どのように野菜を育てている

のか。そのことを体感するため，スタッフ全員が当地を訪ねる「援農」を始めました。開店以来，すでに 15 回を数えるに至っています（2019 年 11 月現在）。農場長の平野さんから地域の実情や日々の作業の苦労，自然学校が運営する農場としての今後などについて話を聞きながら，ともに汗をかき，土や野菜に触れる時間は私たちの財産です。生産者さんと同じ作業をし，苦労を知り，その考えに触れることで，お客様に本当に良い料理を届けることができると信じているからです。

　これからも，私たちはこうした取り組みを重ね，お客様に真に美味しい料理を届けてまいります。そして，日本の地域社会が，すばらしい食材が生まれ場所であり続けられるよう，飲食店経営を通して貢献していきます。

特定非営利活動法人
グリーンウッド自然体験教育センター
- ・代表者：辻　英之　・設立年：1993年（前身団体）
- ・所在地：〒399-1801　長野県下伊那郡泰阜村6342番地2
- ・電　話：0260-25-2851　・FAX：0260-25-2850
- ・URL：www.greenwood.or.jp
- ・主な活動：
  幼児（親子）対象＝森のようちえん「まめぼっち」（都市部対象），森のようちえん「あんじゃねっこ」（泰阜村対象）
  小・中学生対象＝「信州こども山賊キャンプ（以下山賊キャンプと略）」，暮らしの学校「だいだらぼっち」（山村留学）（以上都市部対象）
  週末自然学校「あんじゃね学校」，子ども放課後預かり「いってきました」（以上泰阜村対象）
  高校生・大学生対象＝信州こども山賊キャンプボランティア，大学との協働事業，教師・指導者育成プロジェクト，NPOインターンシップ受け入れ
  一般・社会人・団体・企業対象＝安全教育講座，講演・講師・ファシリテータ-派遣，見学・教育セミナー，企業・団体との協働（CSR）

辻　英之

1. NPO法人グリーンウッド自然体験教育センターの概要

　「招かれざるヨソ者が，山村に希望の灯をともす」。

　長野県南端の山村，泰阜村。人口わずか1,600人の村です。いまなお国道も信号もコンビニもありません。産業も廃れ，若者の人口流出に歯止めがかからない疲弊しきった山村を，再生して浮上させる切り札などどこにも存在しないように見えます。

　限界自治体ともいうべきこの村の住民にとって，「村の自然環境が"教育"によい」と考えるNPOが入ってきて（1986年）1年間の「山村留学」を実施することなど，到底理解できないことでした。当時は，IターンやNPOという概念がまだ市民権を得ていない時代。しかも森林や田畑などの自然環境を資本にした生業を諦めようとしていた村民にとって，自然や教育で喰っていこうとする私たちは，まさに「招かれざるヨソ者」だったのです。

　しかし今，2020年。私たちNPOは社会的事業に成長し，なおかつ地域再生に30年にわたり影響を与え続けています。この小さな村にあって，20人弱の若者スタッフを雇用する事業は「優秀な大企業」です。スタッフ全員が村に居住し，結婚して家庭も持っています。自治会や消防団など地域を支えていた住民組織の担い手としての期待にも応えます。

　ヨソモノの動きに呼応して，村の有志がNPOを立ち上げて民宿や農家レストランの運営を始めました。さらに，村の子どもの週末や放課後の体験活動を支える仕組みや，都市部の大学生が村内の民家で学ぶ仕組み，村の若者世代が村の自然で遊び学ぶ仕組みなど，自主的な活動が組織化され始めています。

　このような「自律」への取り組みに刺激され，若者のU・Iターンが増えて（ここ7年間で114人）青年団まで復活しました。「山村留学」の卒業生がIターンで村に定住する現象（Sターン）も始まり，村に3つあった限界集落は消滅しつつあります。そして村に1つの保育園に待機児童まで出るようになりました。

　誰もが自然環境を武器に，しかも教育を中心として事業が成り立つことなどみじんも感じていませんでした。それが今，まさに「ヨソ者」が行う「教育」が地域再生の中心に位置づき，疲弊しきった山村に希望の灯がともりつつあるのです。

2.　地域創生への取り組み

（1）　暮らしの学校「だいだらぼっち」

　「Sターン」という言葉をご存じでしょうか。私が造った言葉です。この言葉は紛れもなく，泰阜村が産み出した「自然学校×地域創生」の成果のひとつでしょう。都会に帰って社会に出た「元山村留学生」が，かつて暮らした泰阜村に戻ってきています。都会から山村に来て，都会に戻って，最終的に山村に定住します。UターンでもIターンでもなく，Sターンです。この10年ほどで5人がSターンをしました。

　ここで「山村留学」を整理しておきます。山村留学は1976年に長野県八坂村（現大町市八坂）において公益財団法人育てる会によって生み出されまし

た。都市部の子どもが1年間村に住んで学校に通いながら，自然豊かな環境の中で様々な体験をする仕組みです。

●泰阜村の山村留学

　暮らしの学校「だいだらぼっち」はNPOグリーンウッドが独立採算で運営しています。全国から集う子ども（20名ほど）が，1年間の共同生活を営みつつ村の小中学校へと通います。子どもが食事や風呂焚き，掃除，洗濯等，暮らしの一切を手がけていくのです。「困ったときはお互い様。みんなで解決する」という村の「寄り合い」の風習を，そのままいかした子ども主導の暮らし。ストーブや風呂の燃料はすべて村の里山から間伐した薪。田んぼや畑でお米や野菜を育て基本的な食材は確保し，敷地内の手づくりの登り窯で焼いた食器でご飯を食べます。暮らしのあらゆる部分に，村の地域力や教育力を生かすことを30年間ゆるぎなく続けてきました。

　このような，地域の教育力を反映した1年間の山村留学を経験した子どもたちが，数十年の時を経て泰阜村に戻ってきました。2019年1月に朝日新聞に取材された記事を以下に紹介します。

　　山村留学2期生の下田直人さん（45）は，4年前に泰阜へ戻った。東京出身で，泰阜に戻る前は埼玉で働いていた。コンピューター関連の仕事から妻と同じ看護の仕事に転身し，現在は村の特別養護老人ホームで准看護師として働いている。
　　「山村留学は1年だったんですけど，私にとってはすごく濃い1年で……。泰阜に帰りたいというのはずっと頭の隅にありました」
　　家族3人で泰阜に遊びに来たことがきっかけで，役場に仕事と借家を紹介された。村で2人目の子どもが生まれ，妻も村内で働いている。「来た理由？　いろいろですね。子どものときの体験をまたやってみたいというのもありますし」。

　彼の他，30代の女性は村の若者と結婚して限界集落に自ら住んで集落支援員として働いています。子どもが2人産まれ，隣に若者夫婦も移住して，そ

の集落は限界集落を脱しつつあります。30代の男性も村の若者と結婚して村にある製造業会社で働いています。また，10代（中学生）のうちに家族そろってSターンをした卒業生も現れました。母親は村の中学校の教員になり，きょうだいも村の小中学校に通います。その他，隣町で農家を起業した卒業生などもいます。

　このSターンは，絵に描いたような定住施策です。もちろん自然発生的にSターンが起こったわけではありません。NPOグリーンウッドは彼らが卒業した後も関係性をつなぐ活動を続けてきました。泰阜村側も元留学生を村の成人式に招くなど，積極的に交流を続けてきました。泰阜村行政や村民からすれば，山村留学は目の前の少子化対策だけでなく，将来世代の子育て支援の施策，そして集落維持の政策でもあったのだと，改めて感じることになりました。

（2）　信州こども山賊キャンプ

　しかしこの山村留学は赤字が宿命的な不採算事業です。全国を見渡しても行政の関与がない自主独立経営は皆無に等しいのです。NPOグリーンウッドの山村留学の成功が，実は民間として行政の関与を極力避けた自主独立の経営信念とその実行だったと言ってもいいでしょう。子どもに自立・自律を願う山村留学が，自分の脚で立ち自分を律することができないとしたら，根本的な自己矛盾となるからです。

　では行政の関与なしにどのように経営してきたのでしょうか。安易に補助金や助成金などの「他財源」に手を出せば，補助金や受託金を受けると，それに頼らなければ経営できない状況に陥る場合があります。事業を実施するために補助金を受けたはずが，補助金を受けるために事業を実施する羽目になり，ある意味麻薬中毒に近くなります。これでは本末転倒になります。

　NPOグリーンウッドは他財源ではなく自主財源つまり事業収入を増やして山村留学の赤字を補てんしました。その「自主事業」が，「山賊キャンプ」です。山村留学事業ほぼ一本だった1993年のグリーンウッドの収入は年間1,600万円ほどでした。「山賊キャンプ」が成長するにつれ，総収入3,000円万円台（95年），5,000万円台（02年）と成長し，2006年には1億円に達し，順調に伸び続けました。

　現在，山賊キャンプにはひと夏で子ども 1,000 人，青年ボランティア 300 人が集い。今や質量ともに国内屈指のキャンプに成長しています。まさしく「山賊キャンプ」が山村留学を支えてきたのです。財政規模が 20 億程度の小さな泰阜村において，民間団体，しかも「教育」を産業とする NPO が 1 億を稼ぎ出しています。絶望的と言われた小さな山村において，総収入の 8 割超が自主財源で経営する，全国でも模範的な NPO としても注目されています。

　「キュウリは嫌いだったけれど，泰阜でとれたキュウリはおいしくて丸かじりできた。おばあちゃん，ありがとう」。

　夕方，山賊キャンプの子どもたちが田本集落の農家・中島千恵子さんを訪ねてお礼を言います。「子どもの顔を見るだけでうれしいのに，おいしいって言ってくれて，たまらなくうれしいよ。本当にやる気が出るね。ますますがんばらにゃあ」。

　中島さんはやる気に燃えています。山賊キャンプで提供されるほとんどの野菜は，中島さんをはじめ，村内農家の契約栽培によるものです。1 日 3 食。ひと組のキャンプで平均 10 食（3 泊・4 泊のキャンプの場合），それが 1,300 人分（子どもたち 1,000 人と青年ボランティア 300 人）。この計算式が表すように，その野菜は膨大な量になります。それをグリーンウッドが買い取るという仕組みになっています。

　朝，農家の皆さんが，その日に食べるキュウリやトマトなどを，キャンプ場にどっと運んできます。どの野菜も朝収穫したばかりで，ピカピカに輝いています。その大量の野菜が，昼にはきれいさっぱり子どもたちの胃袋に消えるのです。中島さんは山賊キャンプに野菜を提供し始めてからほどなくして，村の学校給食にも野菜を出すようになりました。

　このような“顔の見える生産者”ならぬ“顔の見える消費者”の存在が，こんなにも農家の意識を変えていくことを目の当たりにしてきました。「農家冥利に尽きる」と満面の笑顔で語るおじいま（おじい様），おばあま（おばあ様）は，現金収入とともにやりがいも手に入れました。これが，地域経営，地域の産業化，というものでしょう。経営はお金をまわすだけではありません。人も気持ちもやりがいもまわすことです。産業のない地域と言われる山村。そんな山村の経営循環に，山賊キャンプという「学びの仕組み」が役割を果たしつつ

あるのです。

(3) あんじゃね自然学校・あんじゃね支援学校

　最初はいぶかしげだった村民も，スタッフと一緒に「山村留学」などの仕事をすると意識が徐々に変わり始めます。村最奥の栃城集落。限界集落です。その環境を逆手にとって，小さな集落住民が総出で関わる渓流魚（アマゴ）養殖組合を創業して生き残ってきました。この集落に住む木下藤恒さんは，都市部の子どもを受け入れた後に「都市部の子どもが，そこにある当たり前の自然や暮らしのワザに嬉々としている姿」に衝撃を受け，彼は「わしゃ，生まれ変わったら教師になりたい」と口にしました。「わしは村の良いところをなんにも子どもに教えてこなかった。だから来世は教師になって，村の良いところをたくさん教えてやりたい」と固く誓う木下さんは現在，村の青少年の健全育成に邁進しています。

　都市部から流入する子どもや若者との出会いが，彼を本質的に変えました。このような事例は枚挙に暇がありません。「欧米に追いつけ追い越せ」という戦後教育は，残念ながら「都市に追いつけ追い越せ」という意識をも村民に強烈に植え付け続けました。そして村民は，この村が持つ教育力を否定的に捉えて子どもを都市部に送り出してきました。言葉を換えれば，村の学校教室で教育を受ければ受けるほど，この村に戻ってこない若者を増やしてきたのです。しかし，木下さんを始めとした村民は，都市部の子どもたちから泰阜村に内在する価値や教育力をもう一度教えられます。そして，足元である泰阜村の子どもたちのために教育活動を提供する活動が，村民自らの手によって組織化され始めています。

　この泰阜村の子どもたち対象の教育活動が，「あんじゃね自然学校」です。村行政が建物を建設し，私たち NPO が運営を担当する官民協働の自然学校でもあります。毎月週末に1～2回，森の木を伐採してツリーハウスを作ったり，村のおじいさんに自然と共存してきた技や知恵を教えてもらったりします。

　この「あんじゃね自然学校」を支える大人が学ぶ場を「あんじゃね支援学校」と言います。村長を筆頭に，小中学校，小中保 PTA，保育園，役場，青年団，村内 NPO，農家，猟師，議会，陶芸家，炭焼き職人，読み聞かせクラ

ブなど村内の大人が構成員となります。村の持つ教育力を否定的に捉えていた村民が，教室の外にある教育活動の質を上げるために，「支援学校」という形で，地道ではあるが強く力を合わせるようになったのです。

この村にはもともと，目先のことにとらわれない，長期的な視野に立った教育を尊重する気風がありました。地域の教育の在り方を，地域の人たちが考え，行動する。それは欧米のプログラムを輸入するものでもなければ，文部科学省や県教委からあれこれと指示されるものでもありません。

「あんじゃね支援学校」のメンバーは，業種や役職といった壁を超え，今自分ができることや提供できることを会議に持ち寄っています。多様な分野の人が集う横の広がりだけではありません。小学生対象の「あんじゃね自然学校」をどうするか，という議論は，次に様々な年齢層が関わるという縦の広がりも生み出しました。そして中学生や幼児の参加機会を増やし，近隣の高校や飯田市の大学生が実習として参加するようになりました。さらに，20代の若者で構成される村の青年団が，子どもの教育活動を企画運営し，30代，40代の階層も参加できるような親子プログラムも実施するようになってきたのです。

村の人々が，横にも縦にも手をつなぎ，そして時を超えても手をつないで，村の子どもの教育について，知恵と力を合わせるようになりつつあります。まさに泰阜村の人々は，村の子どもたちを「ひとねる（育てる）」，「あんじゃね（安心）」な仕組みを，自発的に産み出したのです。

(4) 取り組みの成果と今後の展望

● 34年の到達点

立場や違いを超えて「学び合い」を繰り返すことを通して，泰阜村が自律的な地域になりつつあります。「学び」が村の人々の意識を変え，自発的な行動へとつながっています。地域創生には，自律的市民へと成長するための「学び」が必要だと考えます。

これまで面倒くさいこと（例えば行事の事務局）はすべて役場職員に任せきりだった村民が，役場に押し付けることなく自らの手で「学び」を促進する動きを作りつつあります。

小さな村の教育力を，大学等の高等教育に活用しようと，村のNPO，村民，

行政，大学，報道機関などが力を合わせて「泰阜ひとねる大学推進チーム」を発足させ，今年で5年になります。今，村内に若い女子大学生が長期間滞在して，地域の自然や文化から学ぶ姿が目立ち始めました。この村が大学になるなど，いったい誰が想像したでしょうか。

　都市部の子育て層に村に移住してもらう。日本全国どこでも取り組まれていることです。泰阜村では，移住してもらうにはまずは「村に住む子育て層がひともうらやむ山村暮らしをすることが必要」と住民自身が考えました。そして村のNPO，村民，行政などが力をあわせて村の自然で遊び学ぶ（例えば味噌作りなど）仕組み「泰阜村の暮らしを楽しむ"てまひま"」を発足させました。今では毎月のように村の子育て層が自主的に遊びながら学んでいます。

　「あんじゃね支援学校」はさらに進化し，村の子どもの週末の体験活動だけではなく，放課後の体験活動を支えることにも着手しました。小さな村では，学校から家に帰ると集落内に子どもが自分ひとりということが珍しくありません。つまり遊ぶ時間や空間はあっても，遊ぶ相手がいないのです。この理由から放課後子どもあずかりの必要性は高まりつつあり，単に子どもをあずかるという発想ではなく放課後の時空間自体を泰阜村の自然や文化から学ぶ積極的な施策と捉えました。

　グリーンウッドは，山村留学から始まり，「山賊キャンプ」の成長を通して，「あんじゃね支援学校」の充実，そしてそれらの果実である「住民の学び合いによる公益の創出」という到達点を迎えつつあります。それはまさしく，失われつつあった「支え合い・共助の仕組み」と「教育の自己決定権」を取り戻すことを通した地域再生の取り組みでもあります。

●教育立村への挑戦

　泰阜村は今，住民自身が「学び合い」を繰り返すことを通して，自律的な地域になりつつあります。「学び」が村の人々の意識を変え，自発的な行動へとつながっています。地域創生には，自律的市民へと成長するための「学び」が必要だと考えます。

　昨年就任した横前明村長は，泰阜村の自立・自律を自治体合併を拒む形で実現してきた松島貞治前村長の村政を踏襲することに加え，先鋭的に「自然体験

教育」や「子育て」を政策の柱に据えつつあります。NPO グリーンウッドが泰阜村で活動を始めてから 34 年，団体を設立してから 26 年経過しました。ひとつの自然学校の取り組みが，自治体の政策に変化を与え，そして今後の戦略策定にも大きな役割を果たしつつあります。

　私は今年，泰阜村総合戦略推進会議の委員長職務代理を拝命しました。「学び」や「ひとづくり」を総合戦略や総合政策に反映させる役割を担います。私に期待されているのは，「教育立村」の土台づくりです。観光でもない，企業誘致でもない，「学び」によって自律的な地域になるための戦略づくりと，その着実な実行を期待されています。

　最後に私が描く今後の夢を 3 つ紹介します。

　まず 1 つ目は，複数の小さな地域（農山漁村）どうしがネットワークを構築し，それぞれの子どもを一斉に交換留学するというものです。泰阜村の山村留学にも，同じ長野県内などから参加する子もいるなど，以前のような「都会と農山村」という二元的な関係ではなくなってきました。これからは，泰阜村の子どもたちを他の地域に留学させて，外から自分たちの村の良さを感じてほしいと思っています。留学に係る経費は，子どもを送り出す地域（自治体）が負担する。送り出す責任と受け入れる責任をそれぞれの地域が同時に負う，そんな仕組みを全国的に創る。義務教育 9 年の間に 1 年間，希望した子どもは他地域で留学ができる。つまりは「かわいい子には旅させろ」を政策化するということです。

　実際に泰阜村は，絶海の孤島：鹿児島県与論島の子どもと交換留学の試行を始めており，他にも北海道の平原の町などと水面下で打診をするなど，実現に向けて着々と動きをつくっています。

　2 つ目は，交換留学の範囲をアジアに拡げることです。前述したのは，国内で 10 地域程度が協働してお互いの子どもたちを交換するオールジャパンの仕組みの構築でした。もちろんその向こうには，オールアジアでの仕組みのステージも夢みています。泰阜村は満蒙開拓に人口の 3 分の 1 を送り出してしまった悲しい歴史を持ちます。悲しい歴史を「学び」の仕組みによって「前向きな未来」に変換していく壮大な挑戦でもあります。

　実際に泰阜村は分村があった黒竜江省と交流を続けています。また，NPO

グリーンウッドが中心となり，2001 年から中国，韓国，北朝鮮，モンゴル，極東ロシアの環日本海 6 カ国の子どもたちの自然体験キャンプ「Kid's AU（Asian Union）キャンプ」を実施し続けており，中国大連の子どもが泰阜村のキャンプに参加するなど，こちらも着実に動きをつくりつつあります。

　3 つ目は，泰阜村に 4 年制の大学を創設することです。ここではその詳しくは割愛しますが，ここにあげた 3 つの夢は，誰もが不可能だと思っていることでもあるでしょう。夢が夢で終わらずに政策化し実行できるかどうか。泰阜村のソコヂカラが試されます。

　不合理・非効率の名の下に切り捨てられてきた小さな山村が，「教育」をど真ん中に据えた持続可能な地域づくりを目指すという，大きな挑戦が今，始まろうとしています。それは，泰阜村が教育によって立つこと，すなわち「教育立村」の実現を意味します。それこそが日本を再生する切り札になるのではないか。そんな可能性を心の底から感じます。

3.　ステークホルダーからみた自然学校

(1)　泰阜村長 横前 明氏
「人で地域を磨く」

　NPO 法人グリーンウッド自然体験教育センター（通称：だいだらぼっち）が，この泰阜村に根を下ろしてから 30 数年が経過します。当時，村は村外者を大きな心で迎え入れる村ではありませんでした。それは宿場町でもないこの村はよそ者に対して警戒心が強かったからだと思います。そんな村に若者たちが集い山村留学を始めました。地域で受け入れられるまで言葉では言い尽くせない苦労の連続と時間を要したと思いますが，若者たちは焦らず丁寧に住民と接し，地域へと溶け込んできました。その姿を見て多くの村民が「だいだらぼっち」を応援する気持ちへと変わっていきました。このプロセスがあったからこそ，今ゆるぎない村の教育センターとしての地位が確立され，村民の信頼を勝ち取ったと言えるでしょう。

　世の中は物が溢れ，何事においても便利な社会になり，ICT・AI などその進歩は計り知れないものがあります。その波はこの山間地の泰阜村まで押し寄

せ，子どもたちは豊かな自然より作られたモノに支配され自由な発想に制限が
かけられました。

　持続可能なこの村には，次世代を担う子どもたちの豊かな発想とこの泰阜の
大地を愛する心がなくてはなりません。このことをどうやって伝えるかは本当
に難しいことですが，それは暮らしの中にその答えがあったのだと推量しま
す。だいだらぼっちの皆が言う「根っこ教育」です。

　暮らしの学校と言われる山村留学には，20人ほどの子どもたちが村の学校
へ通っています。そして山賊キャンプと称される短期キャンプには，千人余の
子どもたちが参加します。この人気がだいだらぼっちの方針が正しい証でしょ
う。

　これと言った特色のない村に自然体験教育センターが誕生しました，それも
全国的に見ても優良なNPO組織です。地域と密着し活動をすることでそこに
は経済循環が起こり地域へお金が還元されます。また，子どもたちが村立学校
へ行くことで複式学級が回避され，だいだらぼっちの職員が村に定着し子育て
が始まります。だいだらぼっちで学んだ子どもが大人になり泰阜へ帰ってきま
す。こういった循環こそが地方にとっての大きな力となります。金で地域を磨
いても直にくすんでしまいます。人で磨くことが必要だと考えています。その
ことを実践してくれているのが，グリーンウッド自然体験教育センターです。

(2)　住民組織「あんじゃね支援学校」校長，栃城養殖漁業精算組合理事長　木下藤恒氏

「NPOグリーンウッド（だいだらぼっち）と地域」

　彼らが「山村留学をする」と村に来た1986年当初は，どんな活動をするの
だろう思っておりました。彼らの活動する集落は私の集落からは遠いこともあ
り，定かなことが伝わってきませんでした。聞こえてくるのは，子どもが畑や
田んぼを踏み荒らすなどといった苦情。なかなか地元に受け入れられませんで
した。

　年月が経ち，彼らの活動が次第にわかってきた1999年，文部科学省の事業
「こども長期自然体験村」というものを泰阜村で実施することになりました。
都会の子どもを2週間ほど自然体験させて心身ともに健全に育ってもらう事業

でした。この事業の「村長（責任者）」を依頼されたときにはさすがに固辞しましたが，最後は腹をくくり受けることにしました。村議会議員に就任した折でもあり多忙を極めましたが，事業を一緒に進めた「だいだらぼっち」のスタッフの存在がたいへん心強く，以来深く彼らと関わることになりました。彼らと関わるほど，これからの泰阜村になくてはならない活動団体だという認識を持つようになり，村議会議員としても彼らを精一杯支援してきました。

　泰阜村は今，人口 1,600 人の村と少子高齢化の波をまともに浴びています。児童生徒数が減る一方の村の小中学校にとっては，複式学級回避など教育環境の維持向上に大きく貢献してもらっています。夏になると人口に匹敵するほどの青少年が山賊キャンプに集い，震災などで被災された子どもを招待・受け入れするなど社会的な貢献度も大きいのです。

　村に暮らす留学生の子どもの日々の姿を見て，そして卒業生の活躍を見て，とても感動しています。村に帰って定住する卒業生もいて，本当に素晴らしいことです。地元の方々も次第に暖かく見守って支援をもしてくれるようになってきました。スタッフの皆さんのたいへんな苦労や指導の賜物でしょう。スタッフは村の消防団などにも積極的に参加され，村の若者と一緒に村づくりに励んでくれています。こんな素晴らしいスタッフの皆さんと一緒に仕事ができ，そして交流ができて，私自身が学べたことは幸せに思っております。

　「だいだらぼっち」の活動全体がすでに様々な形で地域創生の取り組みになっています。彼らの活動により村全体が活気づいているようにも見えます。村行政もこのような人たちをさらに支援しつつ，協働を進めて村の発展につなげたいものです。

　最後になりますが，「だいだらぼっち」のさらなる発展と拡充，そして地域のためにますます貢献されることを期待しております。

(3)　立教大学教員　藤野裕介氏
● NPO グリーンウッドと立教大学の関わり
　NPO グリーンウッド自然体験教育センター（以下，グリーンウッド）と立教大学 の関わりは 2011 年に遡ります。同年 4 月から，グリーンウッド代表理事の辻英之氏が本学で「自然と人間の共生」の教鞭を執り始めました。これ以

降，今日まで辻氏は兼任講師として，同科目を中心にグリーンウッドが取り組む教育実践，またその拠点を置く泰阜村の特色ある福祉と教育に力を入れる村づくりについて片道5時間以上かけて毎週学生に教授しています。

●学共通科目「自然と人間の共生」の誕生

ここで「自然と人間の共生」の誕生について紹介しておきます。同科目は自然哲学系科目の後継として2011年度に新設されました。全学共通科目（当時は全学共通カリキュラム）に置かれ，全学部全学年を履修対象とした教養科目の一翼を担います。辻氏は開講時から担当し，毎回200～300人程の履修者を集める大人気授業としての地位を確立しています。

次に科目が設置された全学共通カリキュラム（以下，全カリ）について触れます。本学が教養教育として取り組む全カリは，建学の精神"キリスト教の精神に基づく人格の陶冶"を実現すべくリベラル・アーツ教育の体現として全学部全学年が履修可能な重要カリキュラムです。学生は卒業要件単位の3分の1は全カリから修得しなければなりません。かつて存在した一般教育部の伝統を受け継ぐ形で1997年からスタートした全カリは，本学のリベラル・アーツ教育の体現であり，辻氏が担当する「自然と人間の共生」はその中でもシンボリックな科目と言えるでしょう。

全カリは「幅広い知識と教養，総合的な判断力」を培うことを理念とし，異学部異学年混在で学ぶ他流試合の土台を有しています。辻氏は「関係性の学力」を提唱し，リベラル・アーツは「関係性の学力」を学ぶことだと指摘しています。他者と関わりながら多様性の中で学ぶことを特色とする全カリは，辻氏が考えるリベラル・アーツ教育の実践の場と言えるでしょう。

●連携の多層化と今後の可能性

このように「自然と人間の共生」というひとつの授業を通して，グリーンウッドが地域に根差して取り組む教育実践を本学の学生に広く，継続的に教授してきた実績は意義深いと考えます。2016年には泰阜村が学生を受け入れるインターンシップをコミュニティ福祉学部が開始しました。また本学の社会連携教育を担う立教サービスラーニングセンターにて，入学間もない1年次春

学期（導入期）に履修する「大学生の学び，社会で学ぶこと」を，辻氏には 2016 年度から 3 年間担当してもらいました。サービスラーニングがスタートした重要期に科目の担当のみならずグリーンウッドの教育実践をふまえて，カリキュラム全体の助言を得るなど関係性を構築してきました。また 2019 年度にはグリーンウッドが夏季に実施する「信州こども山賊キャンプ」の学生ボランティア募集と研修，キャンプの振り返りを本学ボランティアセンター共催のもと，学内で初めて開催しました。本学の学生がボランティアとして多数参加するプログラムであり，グリーンウッドにはキャンプを通して学生の育成に携わってもらっています。

　グリーンウッドと本学は 2011 年以降，"学生の教育"を共通の目的に関係性を培ってきました。多層的な連携を図り，より良い教育実践の共有，還元，往還の関係をさらに深め，"学生の教育"という共通の目的を前進させるため協働していく可能性を秘めていると言えるでしょう。17 歳の高校 2 年次からグリーンウッドにボランティアとして関わるきっかけを得た筆者は，図らずもグリーンウッドと本学の歴史を間近で垣間見ることになったわけですが，今後の大きな可能性に胸が弾む思いです。

公益財団法人 キープ協会

- ・代表者：淺田豊久　・設立年：1956年
- ・所在地：〒407-0301　山梨県北杜市高根町清里3545
- ・電　話：0551-48-3795　・FAX：0551-48-3228
- ・URL：https://www.seisenryo.jp/
- ・主な活動：環境教育事業，高冷地農業事業，研修交流事業，製販事業，青少年教育事業，国際交流・協力事業，保育事業，製販事業，宿泊事業

鳥屋尾　健

1. キープ協会の概要

　公益財団法人キープ協会（以下，キープ協会）は，アメリカ人ポール・ラッシュによって 1938 年に母体となる清泉寮が創設されました。「KEEP（キープ）」という名称は，戦後の日本の民主的復興を目指して，清里をモデル農村コミュニティーとする「Kiyosato Educational Experiment Project（清里教育実験計画）」の頭文字が由来です。

　その構想は，農業，医療，教育，文化，福祉，観光まで見定めた社会的事業として描かれました。設立当初からの４つの理念「食糧」「保健」「信仰」「青年への希望」に「国際協力」「環境教育」の２つを加え，今も創設者の精神を引き継ぎ，環境と教育をめぐる実践に取り組んでいます。

　その歴史は，常に地域の課題と要請に向き合いながら，教育的，実験的に行われる事業の歴史でもあります。

　高冷地での実験農場は，山間高冷地でも丈夫で厳冬に耐えるジャージー種による酪農を展開し，北海道，東北等，日本各地の高冷地を希望の地に変えていく試みでした。のちに，農業学校を設立，全国に多くの指導者を育成しました。現在も続く酪農事業の展開は，人と自然の調和した豊かな景観を育むとともに，その牛乳から作られるソフトクリームをはじめとした各種乳製品やミルクパンは，地産地消と観光のシンボルでもあり，酪農体験等教育の場としてもその存在意義を発揮しています。

　また，交通に恵まれない医療の恩恵を受けるには程遠い村であった清里で，

清里駅の消防小屋を利用した月1回の出張診療からはじまった「保健」への取り組みは特筆にあたります。後に，その取り組みは診療所・病院を開設へと至ります。地域の公的医療基盤が整うまでの間，その役割を果たし続けました。役割を終えた病院の建物は，リニューアルし，2000年には，自然体験の拠点として清泉寮自然学校に生まれ変わります。

　福祉の分野では，聖ヨハネ農村図書館の一職員が，地域の未就学の子どもたちと遊びながら，一緒に歌ったり，童話を聞かせたりする活動をはじめました。地域から，子どもたちの育ちの場の希望がうまれ，後の，森全体を育ちの場として捉える，聖ヨハネ保育園の設立へとつながっていきます。

　青年指導者の育成研修宿泊施設として建てられた清泉寮は，現在も各種学校団体をはじめ企業・国際関係の幅広い分野の人々に利用され，人と人，人と自然をつなぐ場としてその役割を果たしています。

　現在の事業の柱のひとつである「環境教育」は35年の歴史を持ち，日本の環境教育を牽引してきました。当協会の環境教育事業は自然の中での体験活動を基本とし，感性と科学の視点から，自然を見る目と社会に関わる意欲を育てることを目標としています。対象は幼児から指導者まで様々であり，近年は，企業や海外の方向けの事業，山梨県地球温暖化防止センターの役割等も担っています。

　フィールドは，豊かな森林と渓谷，広大な牧草地から成っています。農場では，ジャージー牛を飼養しての有機JAS認証，循環型農業での酪農を実践しています。また天然記念物ヤマネの研究やその生息環境保全を行う「清泉寮やまねミュージアム」や，「山梨県立八ヶ岳自然ふれあいセンター（指定管理者：キープ協会）」，宿泊施設として「清泉寮」や「清泉寮自然学校」を運営しており，2011年からは栃木県の「那須平成の森」の管理運営も行っています。

　多様なフィールド・施設，そして長い歴史の中で開発してきた多彩なプログラム，それらの組み合わせにより，可能性を限りなく広げることができます。幅広い層の参加者に広く柔軟に対応できることが，当協会のプログラムの特長です。

　「環境」「教育」「観光」「農業」「地域」「国際」は，当協会の共通のキーワードであり，設立の在り方から地域におけるESDの視点がベースにあります。

地域の企業と協働しての森と水のつながりを伝える「水育」の活動や，北杜市最大の秋のイベント「ポール・ラッシュ祭─八ヶ岳カンティフェア」等，地域における取り組みの事例が多くあります。

　環境教育事業は，その活動を通して，地域と外の世界を様々なレベルでつなぐ役割を果たしています。都市に暮らす子どもや大人にとって，心と身体を開放する自然の場として，県内外時に国外の自然と人をつなぐ実践者たちにとっての学びの場として，その幅は，幼児，小中学生，高校生，大学生，社会人，親子，企業人，シニア，体験活動指導者，研究者まで幅広いのも特長です。時に海外からの研修生が地元の学校の教育に関わり，異文化の風を吹き込んでくれます。

　ここでは，特に，地域の幼児・保育者，小学生・保護者・地域市民，高校生を対象とした3つの環境教育の事例について紹介します。

2.　地域創生への取り組み

(1)　足元からの地域を体感する「北杜市幼児環境教育事業」

●事業概要

　本事業は，2012 〜 2014 年度に行われた「北杜市幼児環境教育プロデュース事業」から始まります。当協会では，80 年代より環境教育に取り組み，文部科学省，環境省，林野庁等の人材育成事業に携わる蓄積がありました。また，当協会自身も清里聖ヨハネ保育園を運営しており，その中で，環境教育事業とも連携しての運営が行われていました。北杜市では，それまでに既に，小中学生を対象とした「出前授業」，大人を対象とした「環境教育リーダー養成講座」を実施していました。子ども対象の新たな環境教育事業を始めたいという市役所職員の思いを受け，上記事業がスタートしました。最初の3年間で，プログラム開発および保育者研修，プログラム集の作成を行いました。本事業の一部である「幼児環境教育プログラム体験事業」は 2019 年度現在も継続しており，プログラム開発とプログラムが，市内市立の全 15 の保育園・分園と1つの私立保育園で実施され，また環境教育プログラムの提供が行われています。

　幼児環境教育プログラム体験事業では，北杜市環境課職員と当協会のレン

ジャー（環境教育指導者）が，各園を年1〜2回訪れ，9:30〜11:30の2時間の枠で実施されています。活動は園周辺，または園内で行っています。日常の保育に環境教育の視点を取り入れていくことを目的に，プログラム実施を実際に保育者に見ていただくことを通して，自然体験型環境教育・エネルギー環境教育のプログラムを実施しています。

　この事業は，市内企業および個人の寄付からなる「北杜市環境保全基金」を活用しており，資金面での園の負担はなく，当協会は市からの委託費を運営に充てています。

　自然豊かな環境に恵まれた北杜市ではあるものの，市内の保育園では普段から自然保育を実施できているわけではありません。また，保育園では，畑作業や味噌づくりなどの食農教育，プール・お月見などの季節の行事など，毎月の行事が個々に多数あります。運動会やお楽しみ会など，練習を必要とする行事がある場合には，その練習等でお散歩になかなか行けないという実態もあります。レンジャーが普段の保育でも取り入れられるような体験を提供することで，保育者が園庭やお散歩で環境教育を実施できることを目標にしています。提供しているプログラムは，大まかに「自然」と「エネルギー」の2つに分けることができます。「自然」を切り口にしたものでは，近所の神社や散歩道など，日常生活の中で関係性ができている身近な場所で，五感を通した自然の再発見や小さな生き物たちを探す移動型のプログラムがあります。他には，その散歩で得られた素材を使った宝箱づくりや，出会った生き物を地図にプロットする生き物マップを作製するプログラム等があげられます。

　「エネルギー」を切り口にしたものでは，枯れ枝を集めておこした焚火での「鑑賞炭づくり」やペットボトル温水器を利用しての足湯体験，ミニ水車づくりやソーラークッカー体験等，太陽と水と森林をテーマに，身近なエネルギーの流れを実感することができるプログラムを実施しています。

　実施する際には，日常の保育に取り入れていけるよう，以下の2つのポイントを大事にしています。1点目は，関係性のできている身近な場所をフィールドとして使用することです。いつも知っている場所だからこそ，レンジャーが関わることで見えてくる新たな発見や驚きが大きくなります。また，「この場所ならお散歩でまた来られるね。違う季節にまた見に行こう！」と季節を越え

ての日常性が得やすくなります。保育者にとっての「専門家の人が来てくれな
いと……」といった心理的なハードルを下げていくことへも効果があります。
2点目は，指導者の姿勢を見てもらうことです。レンジャーがどのように子ど
もたちと関わり，どんな声かけをしているかを直接見てもらうこと。そのこと
を通して，子どもの発見に寄り添う距離感やセンスオブワンダーの感覚をとも
に体感していくができます。また，各回プログラムシートを作成し提供するこ
とで，各園でのノウハウを蓄積させていくこともできます。毎回プログラム後
には，当日様子を見ていただいた園長や保育者の方々とレンジャーで，プログ
ラムを通して気づいたことや感じたことを共有しており，そこでの分かち合い
は，その日の体験に関わった保育者の方々の気づきや学びを深めていくことに
有効に機能しています。

　この事業を通して，市内保育園のなかで環境教育の考えが普及し，2015年
度には保育協議会の年度研究テーマが「環境教育」に設定されました。各園で
も，日常のお散歩や親子遠足等の中で自然体験を行う機会を増やして始めてい
ます。保育者にとって，自然物が「クラフト・保育材料」という認識の世界か
ら，「いのちそのもの」である認識の世界へ変化していくことで，子どもたち
の過ごす日々はより豊かな世界に変わっていくのではないでしょうか。

(2)　大人も子どもも地域も育つ育ちの場「森の楽童」
●事業概要
　この活動は，北杜市在住の保護者の方々と当協会が協働して，地域の小学生
が自然の中で育つ場を創り出しています。北杜市在住の小学生を対象に，15
〜40名程度の参加者を募り，9：30〜15：30の時間帯を基本に（一部夜の回
もあり）実施しています。当協会のレンジャーが進行役となるとともに，地
域の保護者有志による森の学童サポーターズクラブが運営をサポートしていま
す。企画段階から，地域の保護者有志と当協会レンジャーで話し合い進めてい
ますが，年を追うごとに地域の保護者有志のイニシアティブが高くなっていま
す。

　2014年にプレ事業として4回開催をし，その後，年6〜7回の実施をして
います。2017年度からは，キープ協会主催の「森の楽童・まなび場」と保護

者有志主催の「森の楽童・あそび場」の形で実施しています。「せっかく豊かな自然環境に住んでいるのだから，子どもたちには，やはり自然の中で育ってほしい」，「学校とは違った，非日常的な育ちの場があるとよい」，「親もリフレッシュ，子どももリフレッシュできるような機会があるとよい」，「望むようなプログラムを一緒に創っていきたい」，「地域に住む魅力的な大人に出会うことで，子どもたちが地域の様々な宝に気づく場になって欲しい」などという思いを基礎に置き，「北杜市の子どもたちが，北杜市の豊かな自然環境の中で遊ぶことや，地域の宝である文化や歴史などに触れることを通して，心身ともに健やかに育つこと」，「子どもたちの周りにいる大人もまた，プロジェクトへの参画を通じて，心身ともに健やかでいられること」，「本プロジェクトをきっかけに，地域とキープ協会のつながりがより強く確かなものになっていくこと」を目指し，活動にあたっています。

●森の楽童・まなび場：八ヶ岳の豊かな自然ならではの仕事に，情熱と感性を傾ける大人たちとの出会い

　作曲家，染織家，酪農家，木こり＆大工，木工職人，ヤマネ研究者等，地域に暮らす多様なゲストをお迎えする「まなび場」は，毎回が自然とゲストと参加者とが刺激しあう，音楽のジャムセッションのような場です。ゲストのその人ならではの，自然との向き合い方や文化と知恵の詰まった専門性の高い世界観が毎回ほとばしっています。実際に，本物の生命や道具に触れ，立ち込める匂いを吸い込み，見えない音に耳を澄まし，地域の「宝」を全身で味わう時間となっています。

　例として，染織家をゲストにお迎えした回についてご紹介します。まずは，森の案内人である当協会のレンジャーと一緒に，染色に使わせていただく樹の葉を採るために，森の散歩も兼ねて野外へ出かけます。今回は以下の４種類の樹木から色をいただきます。葉も実も染液も香りのよい「檀香梅（ダンコウバイ）」，子どもたちが"大きな木"と呼ぶ「八重皮樺（ヤエガワカンバ）」，ドングリの実が可愛い「水楢（ミズナラ）」，赤い実をつける「ガマズミ」。散歩から戻ったら，それぞれの樹木の葉をかたどった紙に，いただいた葉や実を擦り付け，まずは自然の色を見てみます。その後は，お鍋にたくさんの葉っぱを樹

木ごとに入れ染液を作っていきます。煮えていくお鍋からは良い香りが漂い，子どもたちからは「葉っぱのスープだね！」という声が漏れました。子どもたちは，染液の色や香りから，自分のお気に入りを4種類の中から1つ選びます。それぞれの色鮮やかな染液の中に，ゆっくりと布を浸します。水ですすぎ媒染液に浸すなど，いくつかの工程を経て色染めを行った後には，皆が集う大屋根広場にロープがかけられ，そこに布を干しました。染めたばかりの色とりどりの布が並び，光を通して見える景色が美しいです。乾くのを待つ間にはお楽しみのおやつタイム。毎回，保護者の方のドキドキがたくさん詰まった手作りのおやつが用意されます。今回は食でも色を楽しもうと，秋の果物を使った様々な色のジャムです。手作りパンに思い思いにジャムをつけ，美味しくいただきました。最後の時間は，今回いただいた4種類の樹木の場所が描かれた地図に，それぞれの樹木から染めた4色の布の端切れを貼りました。地図を見れば，樹木と出会った場所とその樹木からいただいた色を思い出せます。段ボール地の素敵なミニカバンに地図を貼り，またカバンの空いているところには今日の思い出を絵に描きました。

●森の楽童・あそび場：心ゆくまで，自然にまみれる

　あそび場は，風にふかれ，土にまみれ，子どもも大人も心ゆくまで自然にまみれる時間を提供する場です。木漏れ日が何よりも美しい緑生い茂る夏の渓谷での水あそび，鼻の奥まで凍りつきそうな凛と張り詰めた空気の冬の雪＆氷あそび。春の野で山菜をおいしくいただき，秋の夜長には闇を味わいます。

（3）　北杜市立甲陵高等学校：スーパー・サイエンス・スクール（SSH）への関わりを通した高校生のエンパワーメント

●事業概要

　北杜市立甲陵高等学校は，当協会が立地する山梨県北杜市にある中高一貫校であり，甲信地区では進学校としても知られています。長野県からの通学者も多く，90分授業や講座選択制など，特色ある学習カリキュラムを組んでいます。2014年から文部科学省が指定するスーパー・サイエンス・ハイスクールの指定を受け，2期目にあたる2017年〜2021年を始めるにあたり，より地域

の資源を活かした授業を目指すなかで，当協会にご相談いただいたのが当事業
が始まる直接のきっかけとなりました。

　甲陵高等学校が当協会に期待することや諸条件，当協会の自然環境や各種事
業の中で蓄積されたノウハウをすり合わせながら，何度か打ち合わせを行っ
た後，最終的に以下2つの協働が決まりました。1つは「課題研究Ⅰ」。週に
1回1コマ90分，毎週木曜日4校時に，選択した生徒を対象に実施します。
2017年度は前期のみの形で20名，2018年度は通年の形となり8名の生徒が選
択しました。もう1つは，日帰りおよび1泊2日の宿泊型事業「サイエンス・
イングリッシュ・キャンプ」です。

　「課題研究Ⅰ」では，キープ協会のレンジャーとフィールドと出会うところ
からスタートします。高校生たちは，まずはレンジャーとともにフィールドに
出て，地域のフィールドの特徴や調査研究の基礎的なことをインプットしてい
きます。そのなかで，自身の興味や関心，あるいは調べてみたい疑問が徐々に
生まれてきます。ただの周りの景色でしかなかった自然環境が，豊かな生き物
の関わりあいとドラマがある場所だということが見えてくるのです。そのなか
で，北杜市の特色や人と自然の関わり，課題を感じていきます。生徒たちは，
「アズマモグラとヒミズの分布」「鹿のロードキル（車道・鉄道）」「鹿の食害」
等，自身の探究テーマを見つけていきます。

　探究テーマが決まった生徒たちは，予備調査から始め，フィールドで自身の
仮説を確かめるための調査を試行錯誤しながら進めていきます。レンジャー
は，生徒たちの発見を阻害しないように寄り添いながら，時にアドバイスを
し，時に地の利と調査の視点で支援をしていきます。生徒間では研究の進捗を
共有し，またお互いが刺激しあう場となる中間発表を経て，それぞれテーマの
探究を深めていきます。

　調査・研究のみにとどまるのではなく，そこで見えてきたことを地域の人た
ちと共有し普及していくことも重要です。生徒たちは，当協会が指定管理者と
して管理運営にあたっている山梨県立八ヶ岳自然ふれあいセンターでの「やま
なし環境教育ミーティング」での発表や，地域のイベントでの研究成果の紹介
等を行っています。

　「サイエンス・イングリッシュ・キャンプ」においては，「人間力」，「探究心」，

「コミュニケーション力」の向上をねらいに，基本英語のみでプログラムは行われます。スタッフとして，英語を得意とするレンジャーとフィリピン NGO スタッフが関わります。当協会では，毎年フィリピン・ルソン島北部山岳地方の自然と先住民族の暮らしを守る環境 NGO より，インターン生を 2 ヶ月程度受け入れており，地元小学校や地域を対象としたプログラムを実施しています。レンジャーによる森の散策やナイトハイク，フィリピン NGO スタッフによるフィリピンのことを知る時間，土を絵の具のように扱うアート表現活動「ソイルペインティング」などを行います。高校生は積極的に英語でコミュニケーションを取ることが求められますが，自然体験活動やアート活動などの共通体験が，コミュニケーションを促す糸口となっています。コミュニケーションは言葉だけではないことを深く実感するとともに，もっと自分の気持ちを相手に伝えたい，きちんと表せるだけの英語力を身につけたいという意欲にも火がつく場となっています。

(4)　3つの事例に共通する「地域創生」の力

　今回取り上げた 3 つの事例では，いずれも関わる人達が地域の魅力を再発見し，活動を通して元気になっていることに共通した特徴を見ることができます。事例 1 では子どもたちと保育者が，事例 2 では地域の保護者や活動のゲストが，事例 3 では高校生が地域の自然資源・人的資源・歴史的文化資源と出会っています。そのなかで，その魅力に気づき，それを人に伝えていこうという行動につながっています。

　これらの事例を「つなぐ装置」としての ESD としての視点から捉えた場合にも，いくつかの効果が認められます。

　事例 1 では，縦割りになりがちな地域行政のなかで，「生活環境部環境課」と「福祉部子育て応援課」が協働していることが興味深い点です。この事業で構築された関係性が，「北杜市子ども環境フェスティバル」という事業を前述の 2 課が共同企画することにもつながっています。「北杜市環境フェスティバル」は，未来を担う子どもたちをはじめとした市民一人ひとりが環境問題を自らの課題として捉え，ライフスタイルを見直し，環境保全の取り組みを実践する契機となるよう，地域の各種団体とも協働し実施されています。

　事例2では，清里聖ヨハネ保育園（キープ協会運営）の存在が大きくあります。当保育園は，老朽化に伴う新園舎建設の際，「地域の公共財としての役割」をより強く明確化しました。園舎予定地にあった木も含め，できるだけ地元の材を使用し，地域の業者に施工をお願いし建てられた木の園舎は，入り口が壁のない，大屋根広場になっています。この場所は，同保育園に事務局が置かれている森の楽童にとっても欠かせない場所となっています。年数回，マルシェやワークショップ，写真展等が，保護者有志と園の共創により設けられ，「大屋根の日」と名付けられています。また，「ヨハネっ子まつり」と呼ばれる年に一度のお祭りは，保育園でつながる卒園児や地域の方々，その友人たちが集う，楽しい一日となっています。子どもが紡ぐ縁と森の楽童のような機会が，地域の人財の発掘につながり，地域の未来を考える入り口にもなっています。

　事例3における高校生たちの活動は，地域の大人たちを刺激しています。地域イベントでの高校生たちの研究成果の紹介は，ぼんやりと関心はあっても，そこに時間やエネルギーをかけることができていない地域の課題について，大人たちに伝えてくれています。「地元の高校生の声」だからこそ，地域の大人が耳を傾ける側面があります。

　これら3つの事例の課題であると同時に，次に必要なステップとしては，持続可能な具体的な地域循環構造を育んでいくことがあげられます。行政・地域・学校等と実践を積み重ねてきた当協会が果たすべき役割は，「異なるものをつなぐ」ことで地域に新たな価値を生み出し続けていくことだと考えられます。キープ協会は，宿泊施設・飲食施設を運営しており，木質バイオマスペレットによるエネルギー利用や，地域食材の地産地消の推進等その事業を展開することで，経済的にも物質的にも地域循環に貢献しています。宿泊研修施設から製造販売施設，農場，保育園，博物館まで多面的な顔をもつ当協会は，この地域の自然と人とがつながっているからこそ成り立っており，そのことに感謝の念が絶えません。これからもそのつながりのなかで「キープ協会だからこそ」できることに取り組み続けていきたいです。

3. ステークホルダーからみた自然学校

(1)　北杜市生活環境部環境課担当者
「北杜市からみた公益財団キープ協会」

　人の生活にとっても，各分野において関連性をもつ環境問題は，生きるうえでも大きな課題となっています。

　北杜市では自然環境，地球温暖化，ゴミ問題，エネルギー対策，食品ロス等についても，各種団体との協働によりそれらの課題や問題の改善に向けて取り組んでいます。

　そのなかでも，予防的活動の1つである環境教育には，大きな役割が求められるようになっています。

　環境教育は生涯学習として取り組むべきものですが，幼児期における環境教育の重要性が指摘されています。

　幼児期は周囲の環境に能動的に関わり，心身の諸側面の著しい発達が見られる時期でもあり，生活経験から得られる自分自身のイメージを周囲との関わりのなかで作り上げていく大切な時期でもあります。このことを背景に，自然体験や生活体験，社会体験により，自然や文化，生活的視点を含めた広義の環境観を養うために保育園で取り組む環境教育も大切な事業と考えています。

　北杜市には幼児環境教育プログラム等を展開しているキープ協会があることにより，市内園児の向上心や環境観を養うことができることが大きな財産となっています。

　レンジャーの皆様には，身近な自然で楽しめるプログラムを企画していただき，平成25年度から始めた幼児環境教育も，平成30年度までに94回延べ2,146名の園児が体験してきました。

　継続して事業実施ができるのも，身近にキープ協会があることが大きく，持続可能な社会実現のために，主体的に行動できる人となることの一助を担っています。

　これからも，キープ協会との協働により環境問題等について取り組めることを願っています。

参考：北杜市における環境保全施策と環境教育の位置づけ

　第2次北杜市環境基本計画の5つの基本方針の1つとして「将来につなげる杜づくり（環境教育）」が位置づけられています。

　北杜市環境保全基金事業としては，以下6事業が実施されています。

①小・中学校環境学習プログラム体験事業

②環境教育リーダー養成講座

③子ども環境フェスタ開催事業

④親子環境学習会

⑤幼児環境教育プログラム体験事業※事例紹介した事業

⑥花育推進事業

(2)　「森の学童」メンバー　小林由希氏

　私たち「森の楽童」にとってキープ協会は発足当時から現在まで，そして今後も"人材の宝庫"として，"活動の場"としてなくてはならない存在です。

　具体的な働きとしては，事前打ち合わせでプロとしての意見を提供し，保護者サポーターとともに方向性やスケジュールを整える作業があります。プログラム当日，講師を招く回ではファシリテーターとして，周囲の自然と子どもと講師をつなぐ役目です。野外で開放的になった子どもたちに落ちついて話を聞いてもらうために，洗練されたコミュニケーション能力でまとめていく姿には，毎回心奪われます。子どもの世界には，学校の先生をはじめ，スポーツのコーチ，習い事や塾の先生など，道先案内する大人は数々いますが，キープ協会のレンジャーが子どもにつなぐのは"自然"。そのテーマ性からか，レンジャーそれぞれに包み込むような母性的な温かみを感じ，心身ともに育ちざかりの子どもたちには貴重な存在です。

　一方，自らが講師となる回では，存分に専門分野を披露してもらいます。虫の回では害のない毛虫を指でなでたり，鳥の回では全員で鳥の羽の枚数を全部数えたり。ナイトウォークでは，明かりなしで原始的な闇の楽しみかたを提案してくれました。プログラムを考えるとき，私たちがレンジャーに期待するのは一歩踏み込んだ内容にしてほしいということです。危険度や時間など様々な配慮から実行できずにいるテーマに挑戦してほしいと。地域に暮らす保護者が

サポーターとして，打ち合わせから当日までそばで一緒に見守るので，過度な心配は不要とし，新しいことに挑戦する場としても活用してほしいと考えたからです。準備に注ぐエネルギーは相当だろうと恐縮もしますが，そこで生まれるレンジャー自らが放つ輝きは子どもにも伝わり，学びの純度が高まります。そばで保護者も学び，帰宅後もともに回想します。この学びの循環が地域で実践することの一番のメリットと感じています。

　背景には雄大な自然環境。橋渡し役としての魅力的なレンジャーに出会いながら成長し，知識と感性を持ち合わせた大人になったら……。関わる度合いは様々でも，地球や宇宙の問題を紐解く側に立っているのではないでしょうか。そんな期待をしつつ，キープ協会には人材とフィールドの提供という形で，引き続き子どもたちに栄養の雫を垂らし続けてほしいと考えています。

(3)　甲陵高校 SSH 主任 増渕大介氏
「甲陵高校からみたキープ協会」

　文部科学省から SSH（スーパーサイエンスハイスクール）に指定されてⅡ期３年目となり，通算８年目を迎えました。SSH の目的は，科学技術系人材の育成ですが，北杜市立である本校は，Ⅰ期目から目的達成のためのプログラムを地域と協力して開発してきました。Ⅱ期目の申請をするにあたり，地域が協力した「チーム北杜」を旗印に掲げ，地域連携のさらなる深化を探っていたところ，真っ先に連携候補に上がったのが「キープ協会」です。北杜市が誇る全国でも有数な自然環境の只中にあり，多数の優れた研究スタッフを揃えた公益財団法人。研究環境として申し分なく，是非とも連携をと依頼したところ，快くお引き受けいただきました。本校のⅡ期 SSH の目玉となるキープ協会との共同研究「北杜市の生態系を学び，守り，伝える」がスタートしました。

　SSH の課題研究は２年生を対象に毎年およそ 15 講座を実施しています。どの講座も各担当教員が趣向を凝らした講座ばかりですが，本講座は，その中でも例年人気の講座となっています。北杜市立である本校は，生徒自身も北杜市の一員としての自覚を持ち，地域に根差した教育活動に主体的に参加しています。この講座でも，鹿のロードキルの減少を目指す研究や，鹿の食害に関する研究，野鳥の巣と周辺地域との関係性の研究，苔の研究など，地域を舞台にし

た多数の研究が生徒の主体性に基づいて行われています。

　研究成果の地域への発信および還元も，SSHの至上命題です。この点においても，キープ協会を舞台にした「八ヶ岳カンティフェア」や「八ヶ岳の森シンポジウム」で研究発表の機会をいただいています。大自然の中で，のびのびと研究と発表ができる環境は，自然科学系の研究に最適であり，生徒の探究心の向上にも大きく寄与しています。科学英語の実践の場として「サイエンス・イングリッシュ・キャンプ」も1泊2日で実施しています。英語に堪能なスタッフおよび外国の講師の指導のもと，科学的アプローチと実験を実践してレポートにまとめるオールイングリッシュの本格的なサイエンス講座です。自然・環境学習も交えたキープ協会ならではの素晴らしいプログラムです。

　お陰様で，生徒の研究内容も年々充実してきています。キープ協会のスタッフの方々の懇切丁寧なご指導の賜です。毎週1回90分間の授業を，時には本校にて研究指導をお願いするなど，相互に往来し，有機的な授業を実施していただいています。今後も「チーム北杜」として一丸となって，研究の推進および地域への還元を行いながら，将来世界的に活躍する科学系人材の育成を期し，ともに北杜市に貢献していく所存です。

特定非営利活動法人　大杉谷自然学校

・代表者：谷口忠夫　・設立年：2001年
・所在地：〒519-2633　三重県多気郡大台町久豆199番地
・電　話：0598-78-8888・FAX：0598-78-8889
・URL：https://osugidani.jp/
・主な活動：地域を生かした環境教育事業

大西かおり

1．大杉谷自然学校の概要

　三重県大台町の最奥部，大杉谷地区は日本一水質が美しい川に何度も選ばれた一級河川宮川の源流および上流域に位置する吉野熊野国立公園を含む自然豊かな地域です。この地に建つ鉄筋コンクリート2階建ての建物が旧大杉小学校です。大杉小学校は1921年の大杉尋常小学校の建設に始まり，1985年の現存校舎への建て替えを経て，1999年3月の閉校をもって，その78年の歴史を閉じました。1999年当時，学校の統廃合はまだ珍しく，地域住民にとって廃校に対するマイナスイメージは非常に大きいものでした。住民と行政がともにその校舎跡活用について検討を重ね，地域の豊かな自然資源を環境教育プログラムや自然体験として提供する「自然学校」を柱に，廃校活用をすることとなり，2001年大杉谷自然学校が設立されました。

　主な活動として，環境教育事業，環境教育普及事業，調査研究事業，地域支援事業を実施しています。

- ・環境教育事業として，自然体験や学校の総合学習，防災教育，企業や行政からの委託事業，豊かな自然を生かしたエコツアーなど
- ・環境教育普及事業として，環境教育に携わる人材育成や研修会，講演会
- ・調査研究事業として，宮川の魚類調査や伝統漁法等の記録や保存
- ・地域支援事業として，災害時支援や移住促進事業

　町内外で多様な業務を展開し，年間120本約4000人に事業を提供しています。

　大台町は全町が大台ケ原・大峰山・大杉谷ユネスコエコパークに指定されて

おり，小学校もユネスコスクールです。学校や教育委員会と協力しながら地域
の学校教育に特に積極的に取り組んでいます。一例をあげると，小学4年生の
総合学習では林業を取り入れています。杉や檜の間伐，搬出，市場への出荷，
そして競りにかけ，売上金を手にするまでを1年間かけて体験する学習です。
他にも地域の自然や文化，産業を小学生の頃から体験し，学ぶことにより，地
域への誇りや愛着を育ててもらえる授業を行っています。

2.　地域創生への取組み：廃校を使った地域創生

(1)　伝統漁法しゃくりの継承

　廃校を活用した自然学校の地域創生の一つは，自然を背景に何百年と暮らし
続けてきた地域社会の在り方から持続可能な社会の実現へのアイデアを得るこ
とにあると考えています。

　当校では5年前から伝統漁法の継承，保存や記録に取り組んでいます。宮川
には水が澄む清流ならではの「しゃくり」と呼ばれる伝統漁法があります。水
中をのぞきながら，一本針を付けた竹竿でアユの通り道を見極め引っかけて捕
る漁です。一度に1匹しか捕れませんが，一晩で何百匹も捕ったという武勇伝
は数知れず。いざしゃくり漁が解禁となれば，その区間のアユはほぼすべて捕
れてしまいます。「しゃくり」はアユの生態や習性，川を知り尽くした先人の
知恵が結晶した素晴らしい漁法なのです。

　私が小学生だった40年前，男子は全員，父や祖父，親戚に連れられてしゃ
くり漁に行っていました。ところが，現在は地元の小学生でもしゃくりをする
機会はあまりありません。それどころか川に行く機会さえ稀になっています。

　私たちはこの伝統を継承しようと宮川上流漁協とともに「子どもしゃくり大
会」を開催したり，小学校の総合学習にしゃくり体験を取り入れていただいた
りしています。少しずつですが，この伝統漁法を知る子どもたちが増え，体験
を入り口にして，自ら漁をする子たちもでてきました。

　では，伝統漁法を継承することと地域創生はどのように結びつくのでしょう
か？

(2)　伝統の継承と地域創生の結びつき：川は命の次に大事

　今のしゃくり名人たちは小学校に上がると漁を覚え始め，毎日のように川に出かけ70歳前後まで実に60年余りにわたり，毎年しゃくり漁を繰り返してきました。その間に，アユと駆け引きできる知恵や身体能力とともに川での不文律や人との付き合い方，魚食等の宮川上流域の河川文化を受け継いでいたのです。

　85歳の方に伝統漁法の聞き取り調査をした時，「川は命の次に大事や」と言われました。果たして今の時代に，この言葉を言える人物がどれほどいるでしょう。地域創生への第一歩は，地域の自然を心から愛する気持ちや誇りを持つことから始まると考えています。

　遊び，暮らし，十分な時間を自然の中で費やすことで，生態系や地域，人と自然のかかわりが理解できていきます。そして，地域がかけがえのない存在として心に位置付けられるのです。

(3)　伝統漁法はタイムカプセル

　宮川は今も美しいと言えども，昭和30年代に上流と中流に相次いで建設されたダムの影響や流域の人工林化などいくつかの原因とあいまってか，現在60代以上の方々が知る昔の宮川の面影はほとんど残っていません。伝統漁法の聞き取り記録には，現在からは想像できないほど，美しい命に溢れたかつての宮川とその川を心から愛した人の姿が詰まっています。

　日本各地の水辺にあった伝統漁法は，その漁法が発達した頃の水辺の環境，技術と素材，人々の暮らし，文化や心までをも閉じ込めたタイムカプセルです。かつて川とともにあった暮らし方生き方は循環型社会のありし姿であり，持続可能な社会の一つの形を私たちに見せてくれます。

　伝統漁法に限らず，地域の暮らしの多くにはこうしたタイムカプセルが埋まっているのです。

(4)　地域を読み解き未来へつなげる：豪雨災害からの防災教育

　こうしてタイムカプセルを開け，地域に残された事象や地域の人の言葉を紐解くとき，自然との深いかかわりへの洞察が立ち上がってきます。地域創生を

考えるうえでは，この洞察を大切にしながら，現在の社会や生活にどう生かすかの視点が非常に大切だと考えています。

2004年9月，大台町の旧宮川村地区は未曾有の豪雨に見舞われました。小さな村に800か所を超える土石流や山腹崩壊が発生し，死者行方不明者7名という甚大な被害が出たのです。

最初は変わり果てた故郷の姿に愕然とし，打ちのめされました。ですが，地域の方の言葉から気づかされることも多く，また自然の再生力を知り，災害に対するとらえ方を大きく変えることができました。

目の前で発生した土石流により自身のアマゴの養殖場が全滅した方がおっしゃった言葉があります。「自然はすごい仕事してった」というものです。到底あらがえない自然の脅威への畏敬や謙虚さが込められていることにハッとさせられました。

そもそも宮川上流の深いV字谷は，何百万年にもわたり，雨が山を削り続けてできた地形です。災害を契機に始めた宮川の魚類調査では，激減した魚種が災害後に大量の稚魚を生み，数年後には災害前の個体数を上回る回復を遂げることがわかってきました。つまり，人間の尺度では稀有の事象だったとしても，自然のサイクルにおいては過去に繰り返してきたものだったことがわかります。

災害とは人間本位の言葉であって，本来は時の経過，重力，雨が引き起こす自然現象の1つです。以前から知識として持っていたものが，改めて腑に落ちたのです。

大杉谷地区では災害発生当初から，その異常な降雨に人々が声を掛け合い，早めに避難をしたことで1人の人命も落とさずに済みました。また，土中に埋まったアマゴの養殖場の方は，被災当時70代だったにもかかわらず，見事に再起されました。

自然の大いなる驚異を前に，人間は無力で，科学技術さえも私たちを完全に守りきれるものではありません。だからこそ命を守るためにも，災害というものが地球の鳴動を聞き，自然の大いなる循環の中に暮らすことに気づき，変わるチャンスだととらえる気持ちが大事です。それを促すのが，地域の人の言葉であり，自然の再生力を感じることだと思うのです。

　こうして災害から学んだことを防災教育に役立てています。自然の脅威をどう克服し，どう折り合いをつけていくのか，そして自然とともに生きる未来を一緒に考えています。

(5)　地域社会は地域創生のヒント

　地域社会には，高度成長期以前まで日本のどこででも営まれていた自然に支えられた暮らしの姿が色濃く残っています。また，日本の厳しい自然を生き抜き，食糧を得て暮らすには，否応なく家族，親戚や地域が一丸となって力を合わせていく必要がありました。自然という畏敬と脅威の中で何世代にもわたって暮らすことにより完成された，複雑な集合体が地域社会だったのです。

　自然の摂理からなる地域の人の生き方や考え方が，まるで世界の真理をついているようで，時に宗教性すら帯びて感じられます。これは自然に支えられた循環型の暮らしを続けてきた人類に普遍で世界共通のものかもしれません。

　地域創生とは，地域に残る普遍性を踏まえたうえで，現在の科学技術や社会，人の在り様を織り交ぜながら新しく作り出していくものだと思います。織り交ぜる創意工夫にこそ，持続可能な社会への視点が入り，地域創生が生まれていくのです。

(6)　廃校を活用した自然学校のこれから

　現在，大杉谷地区の高齢化率は71%です。廃校後20年が経過し，地域の協力者の方も多くが70代以上となられ，人数も少なくなりました。この方々の人数が増加することは，今後おそらくありません。また，地域に住みながら，住民と自然とのつながりを意識せず，関心のない人も増えています。そんな時の流れのなかで，タイムカプセルを開け，地域を敬い愛することができる人を育てていく自然学校の存在意義は大きくなるでしょう。

　地域を紐解き，伝えることができる仕掛けこそ，過疎高齢化した地域に残された廃校を活用した自然学校的存在なのです。

南アルプス生態邑
早川町営ヘルシー美里／野鳥公園
（株式会社生態計画研究所　早川事業所）

・代表者：大西信正　・設立年：2008年より運営
・所在地：〒409-2704　山梨県南巨摩郡早川町大原野651
・電　話：0556-48-2621　FAX：0556-48-2622
・URL：http://www.hayakawa-eco.com
・主な活動：廃校になった中学校を活用した，早川町営校舎の宿「ヘルシー美里」と南アルプス邑野鳥公園の両施設を拠点に，早川町の自然・文化資源を活用した体験を観光や環境教育としてお客様に提供している。

大西信正

1．南アルプス生態邑の概要

　私たちが活動する早川町は南アルプスの麓に位置し，南北に38km，東西に15.5km と南北の細長く 369.96km2 の面積を有しています。標高は 330 m から南アルプスの間ノ岳 3,189.5 m までの標高差があります。また町の中央には，大きな早川が流れ，その周りの森林は町土の 96％を占める，山々に囲まれた自然豊かな地域です。現在 36 集落があり人口は 1,050 名と日本一人口の少ない町として知られております。また標高差があることで斜面も多く，昔は斜面を畑にするために焼き畑など行い雑穀などを栽培し自給自足型の生活をされてきました。現在でも，畑ではキビやエゴマなどが栽培されています。地質的にも特徴がありフォッサマグナの西端に位置しております。さらに南アルプスユネスコエコパーク（以下エコパーク）に全地域が指定さており，保全する地域として世界にも注目されています。

　この早川町は 1994（平成 6）年に策定した総合計画「日本・上流文化圏構想」をもとに現在の町づくりが進められています。この構想は「上流圏・早川に住む私たちは，木と水とを守り続けた先人に学び，自然とともに生き，資源を大事にし，真に人間らしく暮らすことができる地域の創造へといちはやく出発しようと思います」と謳われています。

　私たちの活動は町の構想のもとに，人と自然が共生する地域づくりを具現化
し，共生の仕組みを継続するための新たな文化づくりを行っています。そのた
めに，毎日1～3プログラムを来訪者や宿泊者に提供しています。プログラム
は年間で100種類を越えますが，文化的なプログラムでは，地域の方と一緒に
お客様をご案内しています。それにより，お客様の文化体験が本物になり，地
域の思いを感じ体験が深くなり満足度も高くなり感動されるようです。そのこ
とは，体験を提供した地域の方にとっても，プログラムを通して普段の生活そ
のものが，人へ感動を与えることや町づくりに貢献していることの実感につな
がり，生活の価値に気付かれ，誇りにつながっています。

2. 地方創生への取り組み

(1)　NPO 法人早川エコファーム

　NPO 法人早川エコファーム（以下エコファーム）は早川町の耕作放棄地の
解消のために 2017 年に設立しました。耕作放棄地を多様な生物が暮らすため
の環境に変えることによって，地域活性化になることを目的に進めています。

●現　状

　取り組んでいる耕作放棄地は早川町の中ほどに位置している中洲地域と呼ば
れる 10ha になります。現在は，耕作は 15%ほどしか行われておりません。耕
作放棄地の増加は，主に地域の方の高齢化と町からの転出が原因で，それに獣
害が拍車をかけています。耕作放棄地の草地はセイタカアワダチソウが繁茂し
ているのが現状です。

●取り組み

　耕作放棄地を，生き物がいっぱいになる農園を作るというコンセプトをも
とに，「生き物いっぱい農園」つくりを行っています。生き物いっぱい農園は，
水場を作り田んぼや水田ビオトープに，草地は在来植物の草原に，耕作地では
多様な作物の生産，果樹を植えて，疎林として位置づける，など多様な環境を
モザイク状に作っていきます。いきものがいっぱい暮らせるように，農薬は撒

かず，有機肥料などを使用した自然農法を中心に行います。しかしこの生き物いっぱい農園は，多くの時間と手間が必要になります。その手間を NPO 会員の都会の方に手伝っていただきます。さらに畑つくりの知恵は地元の方に行っていただくよう，エコファームがコーディネイトしています。活動では畑作りだけではなく，そこに暮らす昆虫などの観察も行います。都会の方は，ご家族の会員もおられ，お子さんの自然体験の場所にもなっています。これらの活動の拠点は，地域のおばぁちゃんたちが起業した「おばぁちゃんたちのお店」を借りています。このお店では，立ち寄られた観光の方が，散歩で寄られたおばぁちゃんとの交流により，地元の自然とのかかわりを知り，早川町ファンになられる方も少なくありません。つまり産直のお店は，会員活動で集まる都会の会員，散歩の休憩に寄られる地元の方，産直のお店に買い物に来られた観光の方など，様々な方が交流することで，活動の意味を深め，活動を行う人を集める場所をして重要な役割を果たしています。さらにその拠点では調査も行い生き物が増えたかの評価も行っています。

●文化の復活

　耕作放棄地利用の活動は，50 年前に失われた文化の復活へと，取り組みがひろがっています。中洲地域の隣の集落では 50 年前まで 40 軒ほどの集落全体で，各家庭で採れた大豆を持ち寄って蒸し，それを使用して味噌作りを行っていました。過疎化が進むにつれ，大勢で行う地域の行事ができなくなってしまっていたのです。2018 年よりその集落全体の味噌作りの復活に取り組んでいます。取り組みでは都会の会員以外に，県や町の行政職員や石垣作りの専門家など多くの方が関わり，文化の復活へと取り組みが進んでいます。

(2)　ビーンズ

　ビーンズとは，早川町立早川北小学校と南アルプス邑野鳥公園（㈱生態計画研究所早川事業所運営）が行っている授業の名称です。

　BEcome A Natural Scientist！自然科学者になろう！という言葉の頭文字から「BEANS」と名付けました。豆科学者という意味もあります。

●概　要

　ビーンズの教育的目的は，1.科学的な見方・考え方を身につけること，2.コミュニケーション能力を身につけること，として位置づけ，コンセプトを「早川北小学校でできる，本格的な自然科学の研究」にしています。授業では，早川北小学校は児童の教育方針を決め，南アルプス邑野鳥公園（以下野鳥公園）の自然科学の専門家が研究の指導を行う役割分担で教育しています。総合的な学習の時間の35時間を使用することで，本格的な自然科学授業を達成しています。

　研究テーマは，児童の興味や疑問から設定していきます。1人1テーマで取り組みます。調べた結果はその養育者さんや地域の方，教育関係者の方を集めて発表します。

　研究フィールドは，野鳥公園の森とエコファームが取り組む，いきものいっぱい農園と耕作放棄地周辺です。南アルプスユネスコエコパークが保全する地域での授業になり，児童の研究成果はエコパークの財産にもなっています。

●研究例

　テーマは「モズのはやにえランキング」「森の苔の種類」「昆虫の冬越し方法」など児童の興味と疑問は様々です。

　その中から4年生の研究例を紹介します。疑問は，以前秋に野鳥公園の森にクルミがたくさん落ちていたのに，冬の森にはクルミがなくなっていた。どこにいったのだろう？という疑問を解明するために研究を行いました。タイトルは「森のクルミはどこにいく？」です。

　まず，森のクルミの木の分布を調べた後に，クルミを集めて森に置いてなくなる事実と時期を調べました。クルミにネズミやリスが食べたが跡があるのを見つけました。5年生になり，クルミに番号を記入し，なくなった番号クルミがどこに行くのか？を調べます。また動物が持っていく可能性を4年生で発見したので，センサーカメラを仕掛けることにしました。結果は，200番まで記入したクルミはすべてなくなったのですが，森を探しても見つけることはできませんでした。またセンサーカメラは，スイッチを入れ忘れ撮影できませんでした。6年生では，5年生で研究をさらに発展させます。番号クルミ20個に穴

をあけミシン糸で結びました。持って行かれたクルミの糸をたどるとクルミの場所が見つかる仕掛けです。センサーカメラのスイッチもしっかり入れます。調査日は実験場所を見回りますが，変化はありません。それが調査最終日に糸を仕掛けたクルミがすべて移動していました。糸の長さやクルミの場所を記録します。10cm横の地面に埋められたもの，木の上に持って行かれたクルミもありました。一番遠くに持って行かれたのは20mも離れた所でした。センサーカメラにはリスが写っていました。

●成　果

　このように失敗からも成果を見つけ，次に生かせる材料にします。問題解決能力が身につきます。教育上の失敗はなくプロセスを大事にすることで，科学的思考が養われます。発表では自分の言葉で説明できます。

　また他の研究では，「獣は何を食べているか」を研究した4年生は，動物の糞を分析したら輪ゴムが出てきたことで，環境について呼びかけたいと発表しました。このように自分で調べたプロセスが科学的思考や児童の行動に変化を与えるような取り組みを行っています。

　また，これらの取り組みによって，児童が早川町の自然を深く知ることになり，郷土愛へとつながっています。さらに早川町の山村留学事業にも貢献しており，自然科学のプロガイドが行う環境教育の授業が早川町への移住をすすめる理由の1つになっています。

(3)　まとめ

　紹介した2つの取り組みは，どちらも都会の方が早川町の自然資源や生活文化に価値を見出していることによって成り立っています。このことは地域の方にとっては，自らの生活文化の価値を再発見することになり，さらには誇りにつながっています。

　人と自然が密接に関わり生活されてきた地域の誇りを守りながら，都会の方との交流する仕り組みをつくり，新たな地域の創造への取り組みを進めています。今後も都会と早川町の橋渡し役となり，地域創生のコーディネーターを務めていきたいと思います。

特定非営利活動法人 森の生活

- ・代表者：麻生　翼　・設立年：2005年
- ・所在地：〒098-1204　北海道上川郡下川町南町477番地
- ・電　話：01655-4-2606　・FAX：01655-6-7007
- ・URL：http://morinoseikatsu.org/
- ・主な活動：幼・小・中・高校一貫の森林環境教育，顔の見える木材流通の構築，市民主体の森の場づくり，地域間交流施設森のなかヨックル管理運営など

麻生　翼

1. 森の生活の概要

(1)　森の町，下川のまちづくり

　私たちNPO法人森の生活は，「森林をいかし，人々の心豊かな暮らしと持続可能な地域づくりに貢献する」をミッションに，北海道北部の農山村地域である下川町を拠点に活動を行っています。下川町の面積は644.2km^{2}で東京23区と同程度で，面積の約9割を森林が占める地域です。かつては鉱山の町として栄え，ピーク時には15,000人を超える人口を有しましたが，閉山後は激しい人口減少を記録します。しかしながら，「伐ったら植える」60年サイクルの循環型森林経営や，森林資源を建築用材だけでなく，集成材，炭，割り箸，エッセンシャルオイルなど様々な製品へと木を無駄なく使い切るカスケード型の「ゼロエミッション」の林産業を目指し，地域ぐるみで林業の六次産業化を進めてきました。さらに，近年の木質バイオマスエネルギーによる地域熱供給の取り組みによって，公共施設の約60%の熱エネルギー（給湯，暖房）を木質バイオマスで賄っており，化石燃料由来のCO2削減という環境面の貢献だけでなく，地域経済の循環も促しています。

　2018年には，2030年に向けた町のビジョンとなる「2030年の下川町のありたい姿」を官民で議論し，「しもかわチャレンジ2030」として次の7つの目標を策定しました。①みんなで挑戦しつづけるまち，②誰ひとり取り残されないまち，③人も資源もお金も循環・持続するまち，④みんなで思いやれる家族のようなまち，⑤引き継がれた文化や資源を尊重し，新しい価値を生みだすま

ち，⑥世界から目標とされるまち，⑦子どもたちの笑顔と未来世代の幸せを育むまち，の7つです。現在，この7つの目標は総合計画の基本構想に位置づけられています。

　この目標を策定するプロセスの大きな特徴は，SDGs（持続可能な開発目標）を踏まえて作成したことにあります。SDGsで目指されている，環境・社会・経済面の課題をそれぞれの領域で閉じることなく，かけ合わせることで統合的に解決していくまちづくりの姿勢は，下川の歴史を通じて育まれてきました。

（2）　森の生活の始まりとこれまでの活動の変遷

　そんな下川を拠点に活動している私たちNPO法人森の生活は，1997年秋に発足した「さーくる森人類」という任意団体が母体となっています。下川町森林組合へIターン，Uターンした人々を始めとする移住者が中心となった団体で，下川町とパートナーシップ協定を締結した町有林「下川町五味温泉体験の森」を拠点に森林・林業体験などの活動に取り組んできました。その後，町民有志による産業創造プロジェクトである下川産業クラスター研究会が2002年から調査研究していた森林療法等の取り組みが事業としての可能性を示し始めたため，「さーくる森人類」を母体としながらも発展的に解消し，森を活かした健康と癒しの事業を柱の1つとして据え，2005年11月，NPO法人「森の生活」が設立されました。

　森の生活は，その設立以降，下川の森林を活かした様々な活動に幅広く取り組んできました。2006年からは「認定こども園 こどものもり」の幼児に向けた森の中での保育活動「森のあそび」を開始。2008年には，下川町森林組合からトドマツの精油製造販売事業の移管を受け，2009年からは滞在が可能なコテージ型の施設「地域間交流施設　森のなかヨックル」の管理運営を指定管理者として開始。同年には，下川に1校ずつある，幼・小・中・高校と連携して，15年一貫の森林環境教育事業もスタートし，活動の幅を広げていきました。2012年4月には，これまでトドマツ精油製造販売事業を担当していた担当者が代表となり新たに立ち上げられた「株式会社 フプの森」にトドマツ精油製事業を移管し，2013年6月には団体創設者である奈須憲一郎から，当時事務局長だった私，麻生翼に代表を引き継ぐこととなりました。2013年1月

には，町が取得した，市街地のはずれにある森林「美桑が丘」のわきにある管理棟に事務所を移し，市民が主体となった森の場づくりを指定管理者として開始しました。長いあいだ手つかずだった美桑が丘の森で，遊歩道整備や危険木の除去作業を住民とともに進めてきました。今では，月に一度，美桑が丘で自由に過ごす「みくわの日」や，年に一度の森のお祭り「森ジャム」など，子どもから大人まで楽しむことができる場となっています。また，2015年からは有効活用されていなかった広葉樹材を活かすための木材流通事業も開始し，これまで関わりの薄かった林産業分野とも連携を深めました。さらに，2016年度からは，地域資源を活かす起業家（下川で自分らしく挑戦する人たちを総称し，「しもかわベアーズ」と呼んでいます）の誘致・支援にも取り組んでいます。森の生活は，そのスタッフのほとんどが移住者であり，事業を通じて移住を促すとともに，結果的に，団体自体が移住の受け皿としての機能も担ってきたと言えます。

2. 地域創生への取り組み

(1)　森の生活が果たしてきた役割

　これまで森の生活が果たしてきた役割を振り返ってみると，大きく3つの役割を担ってきたように思います。

●森から価値を引き出す

　1つ目は，ミッションと深くつながりのある「森から価値を引き出す」ことです。町の面積の9割を占める豊富な森林を活かし，ソフト面とハード面の双方から森の活用に取り組んできました。ソフト面の活動には，地域内の人に向けて，子どもたちを対象にした森林環境教育や，市民が気軽に活用できる森林「美桑が丘」の管理運営などに取り組んできました。地域外の人に向けては，企業や大学生，観光客や移住検討者へ森林体験プログラムを提供してきました。これらを通じて，地域の中で森林サービス産業を担ってきたと言えるでしょう。また，ハード面では，自社で低温乾燥機を導入し，造材業者，製材所，木材加工工場と連携することで，これまで有効活用されていなかった広葉

樹の乾燥材の流通をつくり上げました。この結果，下川産の広葉樹材を原料に家具やクラフトを製造できるようになったことで，木工作家の移住につながったり，地元工務店や木材加工業者が地域材を利用したり，という動きを生み出すことができました。このように，森林から多様な価値を引き出すことで，林業・林産業だけでなく，より幅広く森の価値を享受できる町という地域ブランドの形成にも一役買ってきたと言えるかもしれません。

●行政との協働

　2つ目は，「行政との協働」です。行政と適時適所でパートナーシップを結びながら協働して地域づくりにあたっていることも，私たちの大きな特徴です。これまで紹介してきた森林環境教育は，教育委員会からの委託事業として取り組んでいますが，単なる受発注の関係にならないよう，関係機関である幼・小・中・高校，それに行政の森林や地域づくり関係課，そして，地域で林業・林産業に関わる人たちまで，多様な関係者をつないでいくことを心がけています。また，市民主体の森の場づくりを行っている「美桑が丘」の管理運営は，指定管理者として，整備や運営面に積極的に利用者の意見を取り入れたり，利用者が主体となった活動を進められるようサポートを行ったりしています。起業家の誘致・育成では，町が設立した任意団体「下川町産業活性化支援機構」と連携して，プログラムの企画立案から運営までを協働して担っています。2017 年度から取り組んでいる起業型の地域おこし協力隊募集プログラム「しもかわベアーズ」を通じて，これまでに3名が下川に移住しています。さらに，冒頭に紹介した「2030 年の下川町のありたい姿」の議論を行った「下川町総合計画審議会 SDGs 未来都市部会」にも私が委員として参加し，町のSDGs 推進についても連携しながら活動を行っていると言えます。

●インキュベーション

　3つ目は，「インキュベーション」です。スタッフの多くを移住者が占めており，下川に移住してくる際の受け皿としても機能してきました。森の生活で働きながら起業などを模索し，これまでも薪割り事業を立ち上げて独立した者や，バックカントリースキーのガイドを目指して退社したものなど，いずれも

地域で新しい生業を生み出そうと奮闘しています。特に，2012 年に独立したフプの森は，その後，新しい製品ラインを生み出すなど，地域発のベンチャー起業として大きな存在感を放っています。もちろん，スタッフがずっと働き続けられる組織づくりは大切ですが，働きながらその人らしい新たな事業やライフスタイルをつくっていく，そのことを支える機能も，これまで結果的に担ってきたように思います。一人ひとりにとって自然なライフスタイルや，人と自然，人と人の多様なつながりが生まれていくことが，結果的に地域の面白さ，強さを生み出していくのではないでしょうか。

(2)　新しい社会は，ローカルから生まれる

　日本はこれから，人口減少，高齢者の増加，進行するインフラの老朽化というような，世界中で誰も体験したことのない局面を迎えることになります。そんななか，ただでさえ過疎・高齢化が進行している農山村地域にあって，その強みは何かと問われれば，「身近に自然があること」，そして「社会のコンパクトさ」にあると，私は答えたいと思います。どれだけテクノロジーが発達し，AI や IoT が普及したとしても，あらゆる生物も物質もすべて元を辿れば自然から生まれてくるという事実はこれからも変わりようがありません。自然の中から直接価値を取り出すことができて，しかも自然を身近に感じ，調和を図りながらそれを行う方法を模索することができるのは，農山村地域だからこそだと思います。そして，社会を形成するシステムの規模がコンパクトだからこそ，地域社会全体に変化を促しやすく，人の数が少ないからこそ，一人ひとりに出番と役割が生まれやすい。一見不利に見える地域の状況を逆手にとって，このような強みを伸ばすことで，下川から，あるべき未来の姿を示すことに貢献していきたいと思います。

> **特定非営利活動法人**
> # 登別自然活動支援組織モモンガくらぶ
> ・代表者 理事長 松原條一　・設立年：2002年
> ・〒059-0021 北海道登別市鉱山町8番地3
> ・電話／FAX：0143-85-2569
> ・URL：http://npo-momonga.org/
> ・主な活動：地域資源を生かして，年間400件を超える体験の場を地域に提供する他，それら運営をのべ2,000人の会員（市民）とともに地域に根差した活動を展開している。

吉元美穂

1. モモンガくらぶの概要

　私たちは，2002年に市民団体として誕生して以降，環境教育拠点 を中心に組織・事業づくりを行い，現在は環境教育をコアスキルとして，福祉，市民活動分野に事業の幅を広げ地域への貢献を目指しています。

　地域づくりを標榜し活動に取り組みはじめたのは2005年，法人格を取得し事務局に専従職員をおいて組織づくりをすすめた時からです。自然体験活動のその先には何があるのか。つまり，自然体験活動は手段であって，組織の存在意義はそれが目的にはなりません。自然体験活動によって得られた参加者の気づきや学びがつながる先，個々の暮らしや地域を巻き込んで，文化や地域経済までに波及するつながりが，持続発展できる地域の在り方につながると考えています。私たちの活動の特徴は，多くの市民の方々と一緒になって"新たな事業"を生み育てること，またエンパワーメントと権限委譲の仕組みをもってその実践の場があることです。理由はとってもシンプルで，多くの人々を運営に巻き込んで事業を進めることそのものが，ビジョンに近づくことであり，またそれが圧倒的な推進力を生むためです。

2. 地域創生への取り組み

持続可能な社会を構築することに寄与するには，運営母体そのものも持続可能な運営体制を形作ることが必要なことは言うまでもないことです。市民事業からスタートした私たちの組織づくりは，財務面では公的財源を中心とした事業構築を進めていきました。特に，ミッションを達成するための事業・活動は教育・福祉の比重が高く，財源を確保することは容易ではないことから，ネイチャーセンターの指定管理者としての事業を足掛かりに体力をつけ，未就園児の子育て世帯を対象とする自然体験活動を取り入れた子育て支援事業，市民力が結集する場である市民活動センターの指定管理者など，継続的で複数年度にわたって安定的な事業を受託し，それぞれの分野において地域貢献を大前提におき活動の幅を広げています。

(1) 登別市ネイチャーセンターふぉれすと鉱山
〈http://npo-momonga.org/〉

2002 年，登別市の社会教育施設として本センターが開設されました。当法人は 2007 年度より指定管理者として運営を行っています。

同センターは，旧鉱山小中学校跡地が「登別市市民研修センター」として利用された後，増改築されビジター向け機能の他に 80 名の宿泊施設を兼ね備えた施設として 2002 年に開設。年間を通じて開館，日帰りビジターだけでなく宿泊利用を行う利用者で年間約 2 万 5 千人，その多くは市内および近隣のリピーターであり，自然体験活動が主目的で来訪しています。

幌別来馬川の上流域に位置し，三段の滝，美沢の滝，川又温泉などの景勝地の他，滝沢，アソイワ沢，裏沢など様々な沢登りルート，鷲別岳，来馬岳，カムイヌプリなどの登山ルートもあり，初・中級者向けの恵まれたフィールド環境にあります。また，国有林を中心とした流域であり，四方を張り巡らされた林道を使ったトレイルランニング，MTB などを行う環境にあります。センター周辺には 7ha の市所有林があり，旧幌別鉱山の産業遺構なども点在しています。0 歳児からアクティブシニアまで，多様な参加チャネルをもったプロ

グラムを一般向けに実施する他，市内・近隣市町村の学校利用時に直接指導として活動サポートに携わっています。

　会の設立には，同センターの設立と強い関係があり，センターを支援することを目的に活動を展開してきました。そのため，市民が自然体験活動を提供する側となり，関われる場や環境をつくって，技術提供とスキルアップ（コーザン・ネイチャーガイドの養成と認定）という考えのもと，動ける仕組みと責任ある実践，組織づくりを行ってきました。この実践は指定管理の受託など事業規模拡大の際にも揺るぐことなく，会員は市民目線で主体的な活動を推進してきました。現在も，KoNG有資格者による活動のほかに，19のチーム活動が誕生し，主催プログラムや活動サポート，独自の活動などを行っています。

●成　果
- ・市民の力を活かした事業運営・事業実施体制の確立
- ・多種多様な人が森にアクセスできる事業づくり
- ・KoNG有資格者による活動のほかに，チーム活動が誕生し（現在17チーム），会員活動として主催プログラムや活動サポート，独自の活動などを行っている
- ・多様なつながりや場としての可能性の中で新たな連携が模索されている

●事業概要
- ・運営体制　スタッフ12名配属（市より指定管理者として事業受託）
- ・活動日時　月曜日を除く毎日，開館時間 9:00 〜 17:30
- ・活動内容（基本事業）　自然体験活動の提供，また活動サポート／自然体験活動指導者の養成／子育て支援ならびに里山づくり／施設（貸館・宿泊）利用の促進／ネイチャーセンターとしての情報収集・発信／センター周辺フィールドの巡視および整備（市敷地内を中心に）等
- ・事業構成（多数のため割愛，事業部計画件数のべ31活動112回/2018年度実績）
- （事業部）環境保全事業／子育て支援事業／自然体験活動事業／啓蒙啓発事業／人材育成事業／利用者受託事業／調査活動（総務部）利用者懇談会等

・活動内容（提案事業）　ボランティア・利用者との協働による活動・事業の企画・運営

(2)　富岸子育てひろば〈http://npo-momonga.org/tonco/〉

第二種社会福祉事業である地域子育て支援拠点事業（厚生労働省）。

2010 年（開設）より登別市委託，現在に至ります。3 年に 1 回，プロポーザル方式で受託。週 3 日間の開館を行い，年間約 7,000 人の市内居住者を中心とした利用があります。福祉的なアプローチや関係機関との連携を行いながら，暮らしに直結した生活課題の中に自然を活用した子育て・子育て支援の場を提供しています。

子育て支援の事業は，その目的や目標を達成するだけでなく，財源的にも安定して実施できる事業への成長や，ボランティアとして関わり続けるだけでなく地域内雇用創出を目指していたなかで，趣旨に合致した事業（地域子育て支援拠点事業）との出会いが転機となりました。また，当時はモモンガくらぶ流の運営を一般化する，市街地で活動を展開するという運営面でのチャレンジの時期でもありました。

現在では，市民の力が発揮できる事業実施体制を目指して，利用者が主体的に関われる場を意識しつつ多様な世代の交流を促進しています。開館日には，利用者である子育て世帯だけでなく，ボランティアとして登録された小学生や中学校のボランティア部，子育て世帯を支援するファミリーサポートセンターの提供会員など，支援する，されるの相互関係の中で同じ空間を過ごしています。

●成　果
・ボランティアとして未就園児の子育て支援に携わってきたメンバーへ雇用の場を提供
・子育て世帯へ自然資源を含む地域資源を紹介する場の確保，地域資源を活かした活動の展開
・多世代が子育てをキーワードに交流できる場，当事者同士が関わり合える場の充実

・自然とのふれあい活動の展開・推進をするセンターとしての特色を市に認められる
・利用者によるボランティアチームが誕生し，会員活動として主催プログラムや活動サポート，独自の活動などを行っている
・拠点事業を足掛かりに，自然環境を活かした2歳児を中心とする預かり保育事業，小学生の放課後自然体験活動事業を展開

●事　業
・運営体制　スタッフ7名配属（市事業を受託）
・活動日時　毎週火・木・土の 10:00 〜 15:00
・活動拠点　亀田記念公園公園管理事務所わんぱーく内
・活動内容
・ひろば運営（基本事業）室内・屋内での自由遊び／親と子，親と親の交流促進
・関連事業　出張子育てひろば（年10回）／子育て café（勉強会，月1回）／ボランティア受入・とんこサポーター等の取り組みによる次世代育成／特命係（ボランティア）の設置・研修の開催（月1回程度活動）／子育て情報の発信（とんこ通信，特命通信，写真展）／支援者向け講座等／サークル活動の立ち上げおよび支援

●独自取り組み
とんこフレンズパークの日（親子の自然体験活動，月1回）／いろは時間／1st Birth 〜プレママサロン（月1回）／利用調査／特命係による交流促進の取り組み（昼トン等）／スタッフミーティング・トレーニング／衣類等交換会
・連携関連
専門家訪問日の設定（子育て café 内）／療育担当者会議・登別市障害者地域自立支援協議会への出席（障害グループ担当）／10 か月健診サポート（健康推進グループより依頼）

（3）　登別市市民活動センターのぼりん〈http://noborin.org/〉

2010 年開設。2010 年より 2 年間，当時登別市直営で運営されていた登別市市民活動センターのぼりん運営補助を受託。現在，2018 年 8 月より指定管理者として運営しています。

受託後からまだ僅かであり，活動成果として明記できませんが，市街地で活動する約 180 団体と接点をもつこととなり，今後多様な活動を展開できる要素があり，様々なチャレンジをはじめています。

●事　業

・運営体制　スタッフ 11 名配属（市より指定管理者として事業受託）
・活動日時　祝日，年末年始を除く毎日，開館時間 9：00 ～ 22：00 ／土日 9：00 ～ 17：00
・活動内容（基本事業）　市民活動に関わる①支援，②情報の収集および発信，③人材の育成および発掘，④交流，⑤市民活動を促進する事業

一般社団法人　アイ・オー・イー（IOE）

・代表者：代表理事：山口久臣　・設立年：1986年5月（前身団体）
・所在地：〒861-8039熊本市東区長嶺南2丁目5-31
・電　話：096-387-6922　・FAX：096-387-7139
・URL：http://www.ioe-j.com
・主な活動・事業：下記IOEのコンセプト＆ミッションのとおり

山口久臣

1.　IOE の概要

(1)　コンセプト＆ミッション（目的と社会的使命）

　一般社団法人アイ・オー・イーのコンセプトについて定款より記します。

●理念：環境地域づくりの実践

　地域の資源や素材を活用して地域の課題，問題を解決することを事業化，ビジネス化していくことをグローカル（Glocal = Global + Local：地球的な視点と地域的な視点）な視点で，"Eco の両立"（= Ecology と Economy の両立）を目指した持続可能な環境地域づくりを社会的企業として実践します。

【ポイント】

①公益を追求する"社会的企業（Social Enterprise）"を実践する組織である。

②核となる事業は，野外教育事業，環境教育事業，国際教育事業である。

③その具現化したテーマは，「自然学校」と「ツーリズム」を柱とする。

④"Eco（Ecology と Economy）"の両立と Glocal（Global + Local）な視点に立った持続可能なる"環境地域づくり"を企画・展開する。

⑤地域の資源，素材を活用して地域の課題，問題を解決することをビジネス化，事業化すること（＝コミュニティ・ビジネス，ソーシャル・ビジネス）を中心的なテーマとした地域づくりを企画提案していく。

●目　的

当法人は，その理念に従い，それらを具現化していくために次の事業と活動を行います。

①持続可能な環境地域づくりを目指した次代を担う人材育成のための教育事（野外教育，環境教育，国際教育事業）。

②自然学校とツーリズム事業。

③これらをテーマとした地域づくり事業とコミュニティ・ビジネス，ソーシャル・ビジネスの企画・展開。

●事業計画と目標として

定款に掲げるいくつかの内容を中心（柱）にして事業を進めていきます。

・野外プログラム，自然体験活動プログラムのさらなる充実。

・中間支援事業の具現化（課題解決ビジネス）。

　※特に九州内をフィールドとする。

・安全対策（リスク・マネジメント）事業の実践。

・公益性の高い事業への取り組み（県，市町村，企業 CSR 等の事業との連携・協働）。

・持続可能な事業の組み立て。単年度事業⇒継続事業への企画提案等。

　※具体的な目標を立てる。⇒年度ごとに右肩上がりの計画を立てていく。

　※事業受託のための財源確保をさぐる。

（2）　自然学校の多様な価値や機能性から地域創生（地域づくり）を目指す‼

"自然学校"といっても私は明確なる定義や条件は敢えてない！と考えていますし，実際に日本の"自然学校界"を見渡してもそんな認識で一致しそうです。逆にそこが，自然学校の"大いなる価値"であると思いますし，自然学校には多様な価値や機能性があると考えています。そこで自然学校を私流に敢えて分類した場合，①アウトドア・アクティビティ型，②自然環境保全活動型，③ツーリズム＆ワークショップ型，④第一次産業型，⑤行政設置型，⑤アメーバー状形態型となるでしょうか。さらに事業＆活動の方式でいえば，A：ソ

フト事業方式（中間支援事業型），B：ハード事業方式（フィールドベース型，施設経営ベース型）でしょうか。

　いずれにしても 2010 年度に実施された第 5 回自然学校全国調査の結果，全国に自然学校は約 3,700 校という結果から，"自然学校のコンセプト＆ミッションの第一にあげられたのが地域づくりであり，その拠点の 1 つである" と言うことです。

2.　地域創生への取り組み

(1)　自然学校のネットワークとパートナーシップについて

　ネットワークとは，繋ぐこと，結ぶこと，連携です。それとその考え方の発祥の英国から輸入された "パートナーシップ" とは，対等な関係性の適材適所による事業実施の手法で協働のことです。前述したように自然学校は多様な価値と機能性を有していますから，それらの特性を繋ぎ合せ協働することです（ネットワーキングによる協働プロジェクト化することです。このような繋ぎ方をファンクション・アプローチ（Function Approach）と言います）。そして，ビジネスがコミュニティ・ビジネス，ソーシャル・ビジネスを産み出すことです（コミュニティ・ビジネスの定義は，その地域の資源・素材を活用して，その地域の問題・課題を解決することを事業化，ビジネス化することです。ソーシャル・ビジネスの定義は社会的な資源・素材を活用して社会的な問題・課題を解決することを事業化，ビジネス化することです）。つまり自然学校は，コミュニティ・ビジネス，ソーシャル・ビジネス創出のステージと言えます。

　参考までに筆者が関わる九州での自然学校等のネットワーク事例として，九州自然学校協議会，大災害支援ボランティア・ネットワーク RQ 九州，（一社）ムラたび九州，九州環境教育ミーティング，自然体験活動九州フォーラム，地球市民の会ネットワーク，九州自然歩道フォーラム，日本ジオパーク・九州ネットワーク，九州地域づくり協議会，フットパス・ネットワーク九州等々があります。これらのネットワークはすべてパートナーシップによるコミュニティ・ビジネス化，ソーシャル・ビジネス化の可能性を秘めており地域創生への大きな要素になるのです。ただ大きなポイントとして専門的で実行力のある

優秀なプロデューサーやコーディネーターが不可欠であるということです。

（2）　九州の自然学校から地域創生（地域づくり）とSDGsを考える

　九州の自然学校と地域創生については前述したとおりです。ここに敢えてSDGsのテーマを被せたのは，2016〜2030年までに世界の持続可能な開発（地域創生，地域づくり）への具体的な17の目標と169のターゲットでグローカル＝Glocalに行動を進めていくためには，それぞれがより具体的な"Agenda＝行動目標と行動計画"をまず創らなければなりません。つまり，自然学校のSDGsアジェンダの創造が必要なのです。SDGsの目標の中には自然学校だからできること，やらねばならないことが多くあるからです。自然学校のコンセプト＆ミッションと持続可能性は，SDGsに掲げてあることを認識し自然学校からの地域創生（地域づくり）を考えていくことが不可欠な時代になったのです。

（3）　九州が変われば，日本が変わるゾ!!

　私は以前から"九州が変われば，日本が変わるゾ!!"を1つのスローガンとしてきました。それは勿論，自然学校を基点とした取り組みの地域づくりへの象徴的な言い方ですが，何事もそうであるようにより具現化，実行化していくためには，いずれかの"切り口"がポイントとなります。私にとってはその"切り口"が，"自然学校"なのです。九州でそのような動きが活発化していくこと。視点，視野が広がること。さらにはネットワークとパートナーシップが広がり深まること。これらが，九州がより良い方向へ変わっていき，延いては日本が変わっていくことへの鍵だと思います。勿論，そこには地域創生への時代と社会に応じたコンセプト＆ミッションとシナリオが不可欠であることは言うまでもありません。

（4）　まとめとして：アジアと欧州の視点から日本を観る!!

　私は，この30年ほどアジアの国々（韓国，中国，タイ，ミャンマー等）を訪れ国際協力プロジェクトを多数行ってきています（その国で行ってきた活動は常にその国の地域づくりでした）。例えば，現在，ミャンマー連邦共和国の

中央部のシャン州，最北西部のチン州で行っているプロジェクト（認定 NPO 法人地球市民の会で実施）は，持続可能な有機農業（土着菌応用や生態系応用，森林農法（アグロ・フォレストリー）等）をベースとした多種多様な地域づくり（ミャンマーでの地域創生事業）です。農業研修センターも 3 ヶ所あり，私はこれらを“自然学校”と呼んでいます。まさに地域創生の拠点と言えます。アジアはそもそも農耕文化（“米”の文化）であり照葉樹林から熱帯雨林までが分布する“森”の文化の地です。アジアは自然が豊かなのです。そして，基本的にアジア民族は，その土地にこだわり“文化”を築いてきたのですが，それが“アジアの原点”なのです。一方，欧州は，そもそも高緯度に位置した寒冷地であり 16 〜 17 世紀頃まではブナ林等の落葉樹がうっそうと茂る森林地帯だったとされています。そこに欧州民族は森での狩りで獲物を捕り，のちに麦を作りパンを焼き酒類を醸造して暮らしてきた文化の民族なのです。そして，転機は 18 世紀以降の産業革命による科学とテクノロジーの発展にありました。さらには，それらのいわゆる“欧州産近代文明”を世界中に輸出していき，世界を席巻し手中に納めていったという歴史が 20 世紀初頭まで続いていったのです。あわせて米国は 18 世紀後半から欧州民族たちが移住し欧州のいわば二次国として独自に発展していったのです。

　そして，20 世紀の前半は世界中が戦争に翻弄される歴史となり，その後人類はその歴史的反省から 20 世紀の中頃より地球全体が“環境”の時代へと駒を進めていくのです。ある地質学者は，1950 年代頃からの地質時代を完新世に次ぐ，人類世，人新世と提唱しています。また，世界の人口も現代人類のホモサピエンスが出現したとされる約 10 万年前の約 3,000 万人という推計から 20 世紀が始まる 1901 年には約 16 億 5,000 万人へ，そして，2001 年には約 64 億人へと爆発的に増加していき 2019 年中には 76 億人に達するとされています。つまり，20 世紀の 100 年間で世界の人口は人類史上約 50 億人近く増加したのです。あわせて，世界の人口爆発とともに人類のエネルギー消費量も爆発的に増加を続けています。CO_2 の増加が主原因とされる地球の温暖化とそれらに伴う気候変動と異常気象，環境ホルモンやマイクロプラスチック等の多種多様な環境悪化が進むのは必然の状況にあると言えます。

　これらのグローバルな問題の解決を目指す指針こそが前述した SDGs のグ

ローバル・アジェンダですが，あわせて SDGs の地域創生への指針となるロー
カル・アジェンダ（地域づくりへの目標と行動計画）が不可欠なことは言うま
でもありません。私は，これらグローカル（Glocal）な視点と文化的に対局の
位置にあるアジアと欧州の視点を持つことが，これからの地球時代の今後のあ
るべき地域創生（地域づくり）と，ひいては私たち人類がこの地球をどのよう
に治め次代へ引き継いでいくのかを見極めるために必要だと思います。

第3部
自然学校が取り組む地域創生の実際

座談会：ESD による地域創生と自然学校

出席者：
　辻　英之（グリーンウッド自然体験教育センター）
　西村仁志（広島修道大学）
　山崎　宏（ホールアース自然学校）
　増田直広（キープ協会）
司会者：
　阿部　治（立教大学）

●近年の自然学校の動向

阿部：日本で自然学校という概念と取り組みが始まって既に 30 年以上が経ちます。そのきっかけの 1 つとして，後の日本環境教育フォーラムに発展する清里環境教育ミーティングがあげられます。これはアメリカの自然学校を参考にしつつ日本型自然学校を作っていこうと 1987 年に集まったものです。歴史的に見たら，これ以前から今の自然学校に関わるような活動をされてきたところもあったはずですが，今日の環境問題や
環境教育を意識した自然学校は，恐らくこの集まりが契機だったと思います。

　当初は都市部の子どもから大人までを対象にした自然体験活動をベースに自然学校が広がっていきましたが，その後各校が置かれているまさに中山間地域の課題と直面せざるを得なくなったことから日本型自然学校，つまり地域創生拠点として自然学校が機能するようになったと言えます。
西村：私は 1993 年から環境共育事務所カラーズという自営業の小さい自然学校を始めました。2004 年からは大学院で自然学校研究を始め，博士論文をベースに 2013 年に『ソーシャル・イノベーションとしての

自然学校』を出版しました。

　この間の自然学校に関わるトピックとして，2003年以降の環境省によるエコツーリズム政策，2011年の東日本大震災，2014年の第2次安倍内閣による地方創生政策などをあげることができます。教育に目を向ければ，オルタナティブ教育が非常に進展してきました。一番進んだのが森のようちえんの取り組みではないでしょうか。社会的には地方移住への志向が出てきていて，地域おこし協力隊などで若い人が地方に移住する現象があります。外からの人と地域内の人の協働による，今までとは異なる自然学校も見られるようになりました。

　自然学校業界に目を向けると，日本環境教育フォーラムや自然体験活動推進協議会，日本アウトドアネットワークなど自然学校に関するネットワーク組織の求心力や意義などが変わってきている感じがします。公立の青少年教育施設はかなり減りました。この15年で大手教育企業や旅行関連企業が自然学校にもっと進出するのではと予想しましたが，それはありませんでしたね。

阿部：アメリカの環境教育研究者から日本の自然学校による地域づくりの取り組みに戸惑いがあると聞いたことがあります。人が住んでいないような豊かな自然の中で自然体験をする場所が自然学校なんだということなんです。自然学校発祥の地アメリカの動きはいかがでしょう？

西村：「地域創生」を雇用や移住・交流人口というような話にとどめるのではなく，さらに大きな人づくりや持続可能な社会づくりの枠組みでとらえる必要があると思っています。アメリカでの1年間の研究滞在で私が見てきたのは，ガーデンエデュケーションやエディブルスクールヤードです。そこでは原点に立ち戻ってリアルに自然と関わり合いながら学ぶことを大切にしていました。学校やコミュニティの菜園という実際の場所で実体験をし，植物やハチや小動物たちの動きを見ながら気候変動や世界史と結び付けながら学ぶのです。サイエンスの教育として位置づけている事例も見てきました。つまり，環境の大切さをリアルな自然と関わり合いながら，ただ観察ということだけではなくて，人間が自然に対して働きかけをしているガーデンから学んでいるのです。

阿部：なるほど，今おっしゃった気候変動。これは本当に今の世代や未来の世代が直面する最大の危機です。その環境問題についても日本人皆結構知ってい

るにもかかわらず，行動ができていないことが課題です。それは自然との関わりでリアルさがないからだと思いますし，自然学校が貢献できる分野だと思います。

●自然学校の社会的役割の変化

山崎：私がホールアース自然学校で活動を始めたのは 2007 年です。その頃は創業者の広瀬がエコツーリズムセンターを作って「自然学校×地域」ということを言い始めていて，改めてホールアース自然学校は地域に対して貢献しているのかと問題意識を持つようになった頃です。もちろん，自然学校なので，本物の自然体験を子どもたちに提供することが主要事業でしたが，もう少し地域で役割があるのではないか，もう少

し持続可能な形で地域にコミットできないかという議論がその頃に出てきました。

　休耕地対策の取り組みを形にしたのは 2011 年です。それ以前も当時も稲刈り体験や芋掘り体験はやっていました。でもそれは，いわゆる体験でそこに深みはあるのかと自問し，やはり我々自身が農業者じゃなければ本物体験じゃないだろうということで，試行錯誤を経て 2011 年に農業法人を設立しました。

阿部：それは自然体験活動を提供するという自然学校の役割を超えて，自らが存在している地域の持続可能性に寄与しないならば，自然学校の役割は果たせないということを自覚し始めたということでしょうか？

山崎：はい。農業者や林業者と同じやり方をするのではなく，それまで培ってきた教育や観光，研修，健康などあらゆるものをかけ合わせ，価値創造型の新たな中山間地域の第一次産業に取り組んできました。

辻：グリーンウッド自然体験教育センターは，現会長の梶が「子どもの自由と自主性を大事にした教育をやりたい」と，その場を山村に求めて始まりました。当初は泰阜村の地域を再生しようなどという考え方はまったくなく，こういう地域での教育が，未来を生きる子どもにとって必要だろうと信じて始めた

のが山村留学です。

　子どもたちは 1 年間の山村留学の中で自然や地域の人と向き合います。自分たちが 1 年食べるためのお米の量はどれぐらいか？その量を収穫するのに必要な田んぼの面積を割り出し，責任をもって栽培します。あるいは薪は 1 ヶ月でどれくらい必要か？それを賄うにはどれぐらいの面積の間伐をするのかなどリアルな体験をします。

　ターニングポイントは 1999 年です。村の中に我々の学びの価値に目を向け始めた人たちがいて，一緒にいろんなことをやり始めました。その時に私たちが追い求めている学びは，村の風土や集落の維持システムなどとかなり親和性があると感じ取りました。自分たちの教育活動を充実させるためには，この村の風土や持続可能性に向き合わないといけない。ホールアース自然学校の第一次産業をやるという話と重なります。

阿部：地域に自然学校が組み込まれるということですね。そうなることで自然学校としての機能が発揮でき，地域にとっても自然学校が不可欠となる。

辻：以前，子どもキャンプに必要な食材はディスカウントスーパーで買っていました。経営を考えれば当然ですし，揃った野菜が手に入ることで運営もしやすくなります。2000 年頃からは地域の農家に全量契約栽培をお願いするようになると，村のおばあちゃんたちも元気になって，現金収入もやりがいも手に入るようになりました。そして，私たちは村が大事にしてきた環境保全型の農業が，子どもたちの学びにとって非常に良いということも知るようになりました。

　それから，山村留学はほとんど儲かりません。経営判断としては子どもキャンプだけをやるべきです。一方で，ボランタリーではあるけれども，村の子どもたちの教育を大事にしようと考えました。2002 年ぐらいからこの活動が起こって，2007 年から村の方々と一緒に考えましょうとなりました。

　私たちの経営判断として，儲からないけど地域を大事にするということです。地域がなくなったら我々の意味がなくなる，地域の持続可能性を守ることに手を出さなければならないと気づきました。

阿部：個々の自然学校や地域の状況にもよりますが，2000 年代頭ぐらいから自然学校の役割が変わってきたと言えそうですね。一方，キープ協会は元々が地域づくりから始まっています。

増田：モデル農村コミュニティづくりからスタートしているということを考えると，それが地域創生だったと言えます。農業学校を通して人材育成をしたり，保育園をしたりと，当時はその言葉を使っていませんでしたが，地域創生の視点を持って創立されたと思います。

　私が属する環境教育事業部では 2000 年代に八ヶ岳田んぼの学校や清里子ども自然クラブという地域向けの活動に改めて力を入れ始めました。一方，食育部門ではできるだけ地元食材を使い，企画部門は地域の祭の事務局を担当しています。地域向けの英会話教室も行っています。各部門ならではの地域との関わりを持っています。

　キープ協会は事業部型の自然学校と分類されますが，キープ協会全体を自然学校と捉えることで地域との多様なつながりを見出すことができます。

阿部：先程，西村さんから自然学校の社会的役割の変化の 1 つに東日本大震災があったとお話がありました。自然災害との関わりの中で自然学校の社会的役割が変化していったのでしょうか？

西村：広瀬さんが RQ（RQ 市民災害救援センター，現在は「RQ 災害教育センター」として活動継続）を作り，自然学校が持っている力やリソースが災害の現場で非常に役に立つことが実証されました。自然学校の 1 つの機能として，防災や災害時支援などがあげられるようになりました。

阿部：2000 年代ぐらいから地域との関わりの中で自然学校の役割が変わってきました。さらに自然災害が頻発するようになって，自然学校の機能や役割が見直されてきたということですね。

●自然学校が地域創生に取り組む意義

山崎：地域側からみた意義と自然学校側からみた意義の 2 つがあると思いま

す。地域側からみた時には，地域に雇用が増えることや，家族ができて地域の学校に入ることもそれに含まれるでしょう。あるいは農林業にコミットできて，先祖代々からの農村景観を自然学校が守ってくれているという話も聞こえてきます。一方，自然学校側からみた場合は，農村に「農村×自然学校」という新しいビジネスがあることはとても良いことと思っています。要は若者が働きに来てくれるようになっています。自然学校が地域に組み込まれた状態になったからこそ，そこを1つの働き口や自己実現の場として捉えてくれている人が多いというのは，結構明るい光だと感じています。

辻：山村留学の卒業生が再び泰阜村に戻ってきて定住することをSターンと呼んでいますが，今どんどん増えています。学びを通して，地域創生に関わってくれる人たちを生み出す機能や役割が自然学校にはあると思います。この村に一生関わってくれる人たちを輩出する，あるいは別の地域でもしっかり活躍するような人を輩出する機能があると考えます。今の時代，過疎地域は人口を増やすことに躍起になるのが当たり前ですが，逆転の発想で質の高い人材をどんどん生み出していく機能を発揮したということです。

　この村の地域創生のために，人づくりをしているのではありません。しかし，結果的に確実にこの村の，あるいは日本の地域創生に役立つ人が生まれていると自負しています。自然学校にはそんな役割があるのでしょう。

増田：創設者ポール・ラッシュ博士は，清里の父とも呼ばれ，地域と深く関わっていました。まずことのことを忘れてはいけないと思っています。

　清里高原は山梨県有数の観光地であり，キープ協会がその拠点の1つであるとも言われています。宿泊施設である清泉寮やソフトクリームをはじめとする食べ物，牧歌的な景観，博物館等の施設，プログラムなどキープ協会を1つの自然学校と捉えた際の総合力が観光につながっていると思っていますが，キープ協会だけで多くの観光客を呼べる訳ではなく，多様な観光拠点があること，そしてそれらとの協働が観光地である地域を支えています。やはり地域の一員として，つまり地域に組み込まれたうえで，地域活性化に寄与することが必要です。その点では自然学校が持つ総合力や教育力，ネットワーク力は地域創生にも貢献できると考えています。

阿部：本書で取り上げている自然学校の舞台の多くは里山里海です。一方で自

然学校発祥地であるアメリカはどうなのでしょうか？

西村：アメリカは 19 世紀からウィルダネスに大きなの価値を見出しました。それは，アメリカ国民のアイデンティティと密接に結びついていて，それを育てる場として大自然をツールとしているという側面があると思います。

　翻って日本を見たら，やはり里山をツールとしてどういう人づくりをしていくかを考えることになると思います。里山の価値とか，それから人が関わって成り立っていく，自然と人が織りなす美しさが日本にはあるので，そのなかで地域の人たちから学びながら，自然学校がその価値を多くの人々に伝えていく。それからその輪の中に人々を参加させることもあるでしょう。

阿部：日本の自然学校は里山ルネサンス的な役割を持っていると思います。アジアの自然学校も同様で，日本から学んでいることも多いのではないでしょうか？そういう意味で，日本の自然学校が世界における自然学校運動の中で果たしている役割も大きいと思います。

●自然学校が地域創生に取り組むうえでの課題

西村：高齢化によって地域側のアクターが失われていくのは痛いですね。これは 1 つの自然学校で維持していくのは相当大変です。これは大学なども応援しつつ，記録を残し，里山の暮らしの知恵を評価し，残し，活用していくことができないかなと思います。

阿部：地域によっては，博物館などの教育施設とコラボしていく。自然学校が他の機関と協働して，地域の知恵の継承をしていくこともできます。

増田：山梨県立八ヶ岳自然ふれあいセンター（指定管理者：キープ協会）では，展示レベルでの活用はしています。また，近年のプログラムとしては地域の資源を巡るフットパスが好評です。参加者は地元の方で移住者が多いのが特徴です。定員 30 人のアットホームな講座も冬季を中心に年数回開催しています。地域の方を講師としてお招きしており，参加者も地元の人が多いです。地域の自然や文化等の資源に目を向けていくきっかけづくりを意識しています。

山崎：自然学校が結節点になって，研究機関とか教育機関などをつないでいく機能を発揮するというのは方法論としてはありかと思います。私たちは在来作

物を継承していくというプロジェクトを立ち上げました。大学の先生や地域の農家さんとなどと連携して，在来作物をまずリスト化しようとしています。それをどう価値を付けて絶やさないようにしていくかということを緩やかなネットワークを作りました。

辻：自律的な住民になるための学びが必要です。学びながら自分たちの資源を見つめ直すということです。例えば，泰阜村ではいまだにわらじ作りを教えています。わらじ自体に意味があるというよりは，自然の恵を生かしながら暮らしてきたということを伝えていく。そうであれば，わらじ作りではなくても，新しい時代に即した形でそこの大事なことが伝われば，この村の文化が伝わることになるでしょう。ただし，1,600人の住民の力だけでは限界もあるので，村外に質の高いファンやパートナーを作ることも必要です。それは大学でも別の自然学校でもいいでしょう。さらには自然学校を超えた人材育成も課題と考えています。これからの時代や地域を担う人材の育成です。

　今後の課題は政策提案です。村の総合戦略推進官として，主要政策の1つに自然体験や人づくりを入れる作業に携わっています。今後，このようなハイブリッドな人材が必要になっていくでしょう。その最前線に自然学校が立っていると言えます。

増田：北杜市は，2018年の住みたい田舎ランキングの小さなまち部門で1位になりました。移住には教育移住と環境移住とがありますが，キープ協会はその2つに関われると思っています。本書掲載事例も教育移住につながるものですし，もっとこの分野への働きかけやしかけづくりには関わっていきたいと考えています。

阿部：私は地域創生と考えたときに，住民が地域に生活者・主権者としてしっかりコミットしていく社会参画というのが欠かすことができないと思います。でも，自然学校としてどのように関わっていくかは課題とも思っています。住民の社会参画，つまり市民教育です。

西村：アメリカのオレゴン州ポートランドではネイバーフッドアソシエーションという住民参加の仕組みがありました。近隣の公園や歩道，街路樹など公共スペースの整備作業に地域の若い人たちも来ていて，「何でこれに関わっているの？」って聞いたら，「知り合いも増えるし，楽しい」って言う。フルタイ

ムで働いている人たちも，週末はそのプロジェクトに参加している。いわゆる政治レベルとか選挙レベルの参加以外に，具体的に手を動かしてやるようなことが，楽しみとしても成立しているのです。

山崎：自然学校自体が立ち上げの頃は，地域内ではちょっと変わった人たちが事業を始めたという目で見られていたかもしれませんが，先輩たちが頑張って，地域の中に組み込まれるようになった今ではいわゆる「よそ者」ではなくなっています。そうなると祭りなどの地域行事にも参画することになりますし，清掃活動にも当然。つまり，地域自治に職員自らが関わるようになっています。仮に私が市レベルの課題に対して，地元の方に相談や進言をしても，みんな「よそ者が何言ってるんだ」とは多分言わない。ここは大きいかな，という気はします。

辻：自然学校全体では子どもたちの教育自体が，市民性教育を養うためのプログラムになっているはずです。一人ひとり大事にしようとか，自分の意見を言おうとか，協調性とか。だから愚直にそこをやることは大事なのだろうと思います。

　また，私たちの若いスタッフも現実に社会参加せざるを得ない状況に直面します。村議会議員の選挙では自分の1票がどれだけ重いか思い知ります。それは選挙だけではなく，地域の活動がそれを教えてくれます。

増田：キープ協会もスタッフの中には地域や学校，保育園の役員などを担当するものも多いです。あるいは，それらの活動を支援する役割を果たすこともあります。時に事務局的な機能を引き受けるとか，時にファシリテーター的な役割を果たすとかです。同時にそういった役割を保護者や住民に継承していくことも必要ですね。現に事例紹介している森の学童という取り組みでは，保護者が事務局を担当するという形になっています。これらの関わりが，社会参画や市民教育につながるものだと思います。

●自然学校の今後の展望

山崎：1つは先程お話した連携の拠点となることです。SDGs のような大きな目標を見据えた場合に，自分たちだけでできることは限定的であることを認識

し，連携や政策などを通してもう少し質の高いアプローチをしていきたい。ビジョンをもう一回整理し直して，何をもって地域創生なのか明確にする必要があります。

阿部： バックキャスティングですね。10年後，20年後にこういう地域にしたいという，そんなようなビジョンをちゃんと持たないとね。

辻： 今，私たちがやろうとしていることは，泰阜村の子どもを違う地域に留学させることです。違う地域で小さい頃に1年間共同生活で学ぶ。交換留学のように10ヶ所ぐらいで，一斉にできないかと模索しています。その先には，NPO職員交流や役場職員の交換などの人材還流があります。その交流のど真ん中に自然学校が位置づきます。オールジャパンでの人材育成を政策化し，それを自然学校が担っていくということです。

増田： 創立当時の取り組みを改めて見つめ直すと，SDGsだったと感じています。またキープ協会のベースになる考え方のうちの1つに「異なるものをつなぐ」というものがあります。環境教育や自然学校がつなぐ異なるものが何なのかということを，常に敏感にアンテナ張っていく必要があると思っています。これまでは，「環境教育×○○」のように環境教育に対して健康や食，国際などをかけ合わせての活動を行ってきました。今後は「○○×△△」を成立させるために，環境教育が異なるもののつなぎ役になるという発想も必要でしょう。その点では林野庁の森林サービス産業には関心を持っています。

山崎： 職員からは，ホールアース自然学校っていう屋号から「自然学校」を外すべきではないかという声も出始めています。自然学校という名前が社会からの見られ方を限定し，その瞬間に自分たちの可能性を狭めている。だからシンプルに「ホールアース」という家号でいいじゃないかと。自然学校はあくまで一部門。そんな議論が出るくらい，私たちの可能性は広がっているし，今こそ自然学校そのもののリブランディングが必要と思います。

阿部： 西村さん，総括をお願いします。

西村： 2012年に刊行された『ESD拠点としての自然学校』で，自然学校の地域貢献について語られ始めていましたが，今日の話では，そういうフェーズから既に進化していました。つまり地域の一員であるというところが出発点になっている。一方で，地域での課題はさらに多様化していて，自然学校とは別

の新しいアクターもそれぞれチャレンジをしている。そういうなかで，自然学校も従来の役割からかなり幅が広がっています。改めて，自然学校のミッションの再確認の必要があると感じました。

阿部：皆さん，どうもありがとうございました。

文　献

阿部　治・川嶋　直(編)(2012)．ESD 拠点としての自然学校　みくに出版
西村仁志(2013)．ソーシャル・イノベーションとしての自然学校　みくに出版

「自然学校と地域創生」に関するアンケート調査

増田直広・小野麗佳

　自然学校の地域創生への取り組みに関する動向を知るために，国内の自然学校を対象にアンケート調査を行った。アンケートは自然学校と名乗っている団体をはじめ，名称に自然学校の表記がなくてもその役割を担っていると思われる団体等へ協力依頼をした。過去の自然学校全国調査のように大規模なものではないため（第5回自然学校全国調査では6,023団体へ調査，735団体から回答）や筆者らがつながる自然学校であるため，日本全体の傾向とまではいかないが，興味深い姿が見えてきた。ここに報告する。

　アンケート調査の概要は表1のとおりである。

1.　主に取り組んでいる活動

　地域創生に関する確認の前に，自然学校そのものの動向を知るために各自然学校が主に取り組む活動をたずねた。質問項目は過去の自然学校全国調査や西村（2013）による調査を参考とした。選択肢（複数回答可）と結果は表2のとおりである。活動テーマのうち，回答が3未満だったのものは，その他として集約した。また，「官営（官＋民での運営含む）」と「民営」とを区別して表記した。

　まず確認できたのは，現在においても自然学校は自然体験活動や環境教育，野外

表1　「自然学校と地域創生」に関するアンケート調査の概要（筆者作表）

Ａ．調査方法
　インターネットの回答フォームを使った選択および記述式調査
Ｂ．調査対象と回答数
　筆者らがつながりを持つ自然学校および関連書籍やインターネットから情報を得た自然学校，合計149団体
Ｃ．回答数
　68団体（官営（官＋民の運営を含む）＝11団体，民営＝57団体）
Ｄ．質問項目（抜粋）と回答方法
　問0.　自然学校の基本情報　＜記述式＞
　問1.　主に取り組んでいる活動　＜選択式・記述式＞
　問2.　地域創生への取り組みの有無　＜選択式・記述式＞
　問3.　地域創生に取り組むうえで大切にしていること　＜記述式＞
　問4.　地域創生に取り組むうえでの課題　＜記述式＞
　問5.　今後，自然学校が果たしていくべき役割　＜記述式＞

表2　自然学校の活動テーマ（筆者作成）

	活動テーマ	官営 （官＋民の運営含む）	民営	合計
1	自然体験活動	11	56	67
2	環境教育	8	40	48
3	野外教育	9	38	47
4	指導者養成	9	35	44
5	青少年教育	7	35	42
6	地域振興	6	26	32
7	保育・幼児教育	4	28	32
8	自然の保護・保全・再生	4	26	30
9	食育	5	26	31
10	エコツアー	2	24	26
11	冒険教育	6	19	25
12	持続可能な暮らし	0	23	23
13	CSRへの関わり	3	18	21
14	健康	3	16	19
15	ESD	2	14	16
16	被災地支援	0	10	10
17	悩める青少年支援	2	7	9
18	国際交流・国際協力	1	6	7
19	福祉教育	0	5	5
20	多文化共生教育	1	2	3
21	その他	1	4	5

※その他：防災・減災教育，地域文化の保全と継承，地域づくり，指定管理施設の管理運営，自然
　調査研究

教育，青少年教育をベースにした取り組みであることである。やはり，自然学校の
基盤は自然体験活動などの教育であることを確認できた。

　また，2010年の第5回自然学校全国調査（以下，「第5回調査」とする）では地
域振興が大きく伸びたという報告があった（官営（官＋民での運営含む）45.6%，
民営63.0%）。今回の調査でも約半数の32校（47.0%）の自然学校がテーマとして
選んでおり（官営（官＋民での運営含む）54.5%，民営45.6%），引き続き自然学
校にとって地域振興は大きな関心事項であることがうかがえる。また，興味深い
のは，保育・幼児教育に取り組んでいる自然学校も同じく32校（47.0%）あるこ
とである。単純に過去の関連調査との比較はできないが，第5回調査における関連
項目である「子育て」の割合（民間＝27.0%，官＝15.9%）と比較すると関心が高
まっていることがうかがえる。やはり，森のようちえんに代表される幼児を対象と
した自然体験活動の盛り上がりを反映した結果と言える。

　また，第5回調査では官営（官＋民での運営含む）1.1％，民営4.2％だった被災
地支援が，今回の調査では官営（官＋民での運営含む）0％，民営17.5％と後者の
数字がかなり大きくなった。東日本大震災や近年頻発する台風や大雨による自然災
害を受けてのことと思われる。一方，防災・減災教育に取り組む自然学校は1校の
みとなった。被災地支援同様に取り組みが増えたと想像していたが，今回の調査か
らはそのことは読み取ることはできなかった。

2.　地域創生への取り組み

(1)　地域創生への取り組み

　地域創生に取り組んでいると答えた自然学校は86％となった。今後取り組みた
いというところも含めると，実に全体の95％となる。表2における関連項目であ
る地域振興の47.0％と数字にズレがあるが，これは自然体験活動や環境教育などの
別の項目にも地域創生の要素が入っていると考えられる。

　なお，官営（官＋民での運営含む）と民営という設置主体の違いによる取り組み
の差があるかを見てみたが，大きな違いはなかった。また，地方による違いがある
か確認したが，どの地方でも概ね70〜90％の自然学校が地域創生に取り組んでい
ることがわかった。地域創生は官民問わず，また地方に関係なく自然学校が取り組
むべき課題であることがうかがえる。

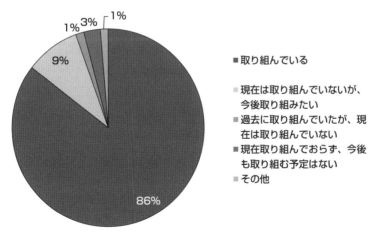

図1　自然学校の地域創生への取り組み

表3　地域創生への具体的な取り組み（筆者作成）

	分類	取り組んでいる	取り組む予定	合計
1	プログラム開発・提供	22	3	25
2	学校教育支援	12	0	12
3	連携・協働	5	2	7
4	運営支援	7	0	7
5	地域資源の活用	7	0	7
6	文化・産業の継承	6	0	6
7	農業振興	5	1	6
8	保育・幼児教育	5	1	6
9	イベント等への出展	5	0	5
10	里山整備・森林整備	5	0	5
11	人材育成	5	0	5
12	観光	5	0	5
13	環境保全	4	0	4
14	新たな学びの場づくり	4	0	4
15	交流支援	3	1	4
16	地産地消	2	1	3
17	移住支援	3	0	3
18	福祉・健康	3	0	3
19	政策提言	3	0	3
20	構成員としての参画	3	0	3
21	PR	2	0	2
22	防災教育・災害時支援	2	0	2
23	事業化	2	0	2

（2）　地域創生の具体的な内容

　地域創生への具体的な取り組み内容を記述式（複数回答可）たずねたところ，129件（必要に応じて分解したものも含む）の回答となった。回答をグルーピングしたものが表3である。

　さらに表3をKJ法で整理し見出しを付けたものが，図2である（括弧内の数字は合計数）。

　やはり，自然学校が得意とする「教育面での取り組み」が57件と突出している。具体的項目では地域住民や地域外からの訪問者へのプログラムの開発と提供が最も多かった。自然学校の柱である自然体験活動などのプログラムを通して地域創生に取り組んでいることがうかがえる。また，地域内の学校教育や保育・幼児教育への支援も多かった。筆者は，地域創生において地域内の教育や保育への関わりは重要事項と考える。教育や保育を通して，地域資源の見える化とつなぐ化が促進されるからである。以上から，自然学校の持つ教育機能が地域創生に応用されていること

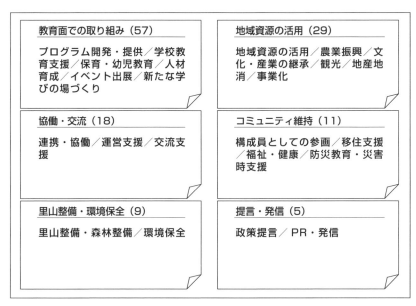

図2　地域創生への具体的な取り組み（筆者作成）

がわかる。次に，「地域資源の活用」も 29 件と多かった。具体的な活用方法としては，観光や事業化，地産地消などがあげられる。自然資源をはじめ，地域の文化資源や人的資源を活用して教育活動を行う自然学校にとって，「地域資源の活用」は得意とする分野である。

　自然学校のコーディネート機能や広報機能を活かした「協働・交流」「提言・発信」，自然体験活動などのプログラムにつながる「里山整備・環境保全」などの取り組みも地域創生につながりやすい分野と言える。それぞれの回答数は少ないものの，「コミュニティ維持」も地域創生において大切な取り組みである。構成員として地域に参画することから，移住支援，福祉・健康，防災教育・災害時支援などの現代的課題が含まれていることにも注目したい。

3.　地域創生に取り組むうえで大切にしていること

　地域創生に取り組むうえで大切にしていることを記述式でたずねたところ（複数回答可），92 件（必要に応じて分解したものも含む）の回答となった。KJ 法で整理し見出しを付けたものが，図3である（括弧内の数字は合計数）。

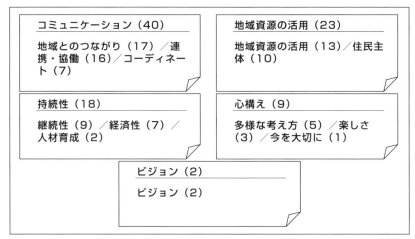

図3　地域創生に取り組むうえで大切にしていること（筆者作成）

　最も多かったのは「コミュニケーション」であった。小項目としては「地域との
つながり」が最も多かった。これは地域創生に取り組むためには，まず地域とのつ
ながりをつくること，つまり地域の一員となることから始まることを意識している
ことの表れと考えられる。また，自らが多様な主体と「連携・協働」をすることや，
つなぎ役として地域や活動を「コーディネート」することも要素としてあがった。
以上を総合するとコミュニケーションと言えるだろう。広瀬（2011）は自然学校の
強みとして，「①高いコミュニケーションスキルを持つ，②機動力のあるチームと
ネットワークを持つ」ことを指摘しているが，地域創生への取り組みにおいても活
かされていることが読み取れる。

　次に問2の具体的な内容にもあがった「地域資源の活用」も多かった。小項目と
してはそのまま「地域資源の活用」に加えて，「住民主体」が含まれている。地域
の人的資源である住民が主体となることは，地域創生の取り組みの基本と言えるだ
ろう。

　さらに，「持続性」も要点である。地域創生はすぐに成果が見えるものではなく，
地道に持続的に取り組むことが大切である。地域や自然学校が疲弊しないように活
動を「継続」することや，そのためにも資金を生み出す「経済性」，活動の担い手
づくりである「人材育成」が地域創生の持続性を支えていると言える。また，「心
構え」からは1つの視点だけでなく，多様な考え方を持つことや楽しみながら活動
に取り組むことの大切さが表れている。

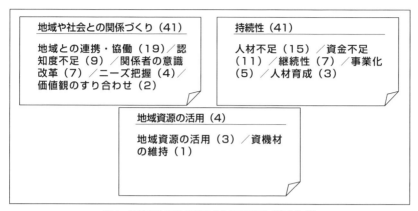

図4　地域創生に取り組むうえでの課題（筆者作成）

　少数であったが，地域創生において「ビジョン」を持つことも大切な視点である。

4.　地域創生に取り組むうえでの課題

　地域創生に取り組むうえでの課題を記述式でたずねたところ（複数回答可），86件（必要に応じて分解したものも含む）の回答となった。KJ法で整理し見出しを付けたものが，図4である（括弧内の数字は合計数）

　「地域や社会との関係づくり」と「持続性」が41件ずつとなり，合計では全体の95％を占めることとなった。前者は，コミュニケーションと置き換えることができるだろう。つまり，問3の地域創生に取り組むうえで大切にしていることで，筆頭にあがったコミュニケーションは，同時に課題でもあるのである。地域とのつながりを大切にして地域創生に取り組んでいるものの，簡単には進んでいない実態が見えてくる。具体的には，「地域との連携・協働」や地域での「認知度不足」，関係者との「意識」や「価値観」などが大きな課題であることが見えてきた。それらを乗り越えるためにも，「ニーズ把握」が大事になるであろう。つまり，地域創生に取り組むうえでの第1ハードルは，地域や社会といかに関係性をつくっていくかにあると言えよう。

　次に取り組みが始まってからの課題が「持続性」だろう。具体的には「人材不足」や「人材育成」といった人に関連する課題と「資金不足」や「事業化」に関わる資金に関する課題が大きな割合を占めている。前述のとおり，地域創生は成果が

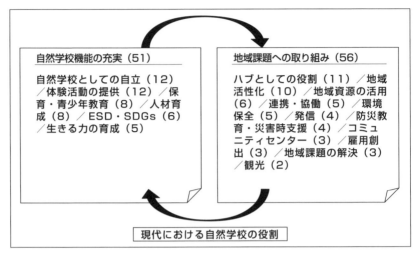

図5 今後自然学校が果たしていくべき役割（筆者作成）

すぐに出るものではない。そのため「継続性」に疑問が生じることもあるだろう。以上のように，地域創生の取り組みの第2のハードルと言えるのが「持続性」である。これは大きな課題であるが，各地域の成功事例や課題を共有することで解決のヒントを見つけることができるのではないだろうか？その意味では本書に掲載されている各自然学校の事例は大いに参考となるものである。

　なお，数は少なかったが，「地域資源の活用」を3つめのグループとした。繰り返して述べているように，地域資源は地域創生を支えるものであるが，その活用についてはまだ課題があると言える。

5. 今後，自然学校が果たしていくべき役割

　最後に地域創生を問わず，今後自然学校が果たしていくべき役割を記述式でたずねたところ（複数回答可），107件（必要に応じて分解したものも含む）の回答となった。KJ法で整理し見出しを付けたものが，図5である（括弧内の数字は合計数）。

　整理をしていくなかで，最終的に「自然学校機能の充実」（51件）と「地域課題への取り組み」（56件）の2つに分類することができた。図らずも，広瀬（2011）による自然学校の公式「自然体験活動（本業）＋社会課題への取り組みと貢献＝自然学校」と重なるものになったが，「地域課題への取り組み」としたように，さら

に地域性や地域創生の視点が強くなったものとも言える。

　まず，「自然学校機能の充実」で目立つのは，「自然学校としての自立」やプレゼンスを高めることへの問題意識の高さである。さらに，「体験活動の提供」や「保育・青少年教育」といった各年代への教育の充実，「人材育成」，「ESD・SDGs」への取り組み，「生きる力の育成」など，まさに自然学校のベースとなる教育活動で構成されている。地域創生に貢献するためにも，自然学校としての機能を充実させることの必要性を各校が感じていることがわかった。さらに，各校が自然学校の柱である自然体験活動を継続していくことが地域創生につながると考えていることや，地道に活動を続けていこうという覚悟を読み取ることができた。

　「地域課題への取り組み」は，2010 年の自然学校全国調査以降に強くなってきた側面である。自然学校が得意とする「ハブとしての役割」や「連携・協働」の働きかけで，「地域活性化」や「地域課題の解決」を目指す。地域活性化には，「地域資源の活用」を通した「観光」も含まれるだろう。また，地域課題には「環境保全」や「雇用創出」，「防災教育や災害時支援」も含まれる。特に，防災教育や災害時支援の分野は，地震や大雨などの自然災害が頻発する近年において重要となっており，自然学校の持つ教育機能や自然に対する知識や技術，コーディネート能力が力を発揮することは，東日本大震災以降さらに知られるようになっており，今後も期待される役割と言えるだろう。さらには，地域の拠点である「コミュニティセンター」として機能していくことを考えていることがわかった。

　ESD による地域創生とは「住民一人ひとりが地域の多様な資源とかかわり地域との関係性を主体的に深めていくことで創り上げる，環境・経済・社会・文化のトータルな視点で持続可能でかつ災害からの回復力（レジリエンス）が高い地域社会づくり」（阿部，2017）である。その主体や拠点として自然学校を捉えてきたが，「自然学校機能の充実」と「地域課題への取り組み」という 2 つの役割を循環させることで，その使命を担えると考える。自然学校が ESD による地域創生を発展させるためのエンジンとなることに期待したい。

文　献

西村仁志(2013)．ソーシャル・イノベーションとしての自然学校　みくに出版
日本環境教育フォーラム(2011)．第 5 回自然学校全国調査 2010 調査報告書』
立教大学 ESD 研究センター(2011)．自然学校宣言 2011 シンポジウム報告書

あとがき

　今日的な意味での自然学校が日本に登場したのは 1987 年に開催された清里環境ミーティングからです。主に自然体験型の環境教育に関心を有する参加者によるこの集会は以来，現在に至るまで毎年開催されています。当初 5 年間で日本型の自然学校を模索し，その成果を『日本型環境教育の提案』（清里環境教育ミーティング（編），小学館），以降，『日本型環境教育の提案（改訂新版）』（日本環境教育フォーラム（編），小学館，『日本型環境教育の知恵』（日本環境協教育フォーラム（編），小学館クリエイティブ）として，時代に応じた自然学校の活動や役割を社会に発信してきました。同時に，「自然学校宣言」(1996)，「自然学校宣言 2011」(2011) を発表し，自然学校を運動として社会に広める活動をも展開してきました。これらの活動すべてに関わってきた筆者は，この 30 年間で日本の自然学校の活動と役割が大きく変化してきたことを感じています。

　「自然学校宣言」の 成果は，自然体験の普遍化，つまり「自然体験活動を社会化する」ことでした。それが「自然学校宣言 2011」において，自然学校が自然体験活動の地域拠点にとどまらず，自らのミッションを積極的に伝えるために社会的企業化していることを明らかにしました。当時の自然学校の動きは『ESD 拠点としての自然学校：持続可能な社会づくりに果たす自然学校の役割』（立教大学 ESD 研究センター（監修），阿部治・川嶋直（編），みくに出版）に詳しく紹介されています。

　この度，本書をまとめるにあたって全国の自然学校の訪問調査やアンケート調査などを行いましたが，その結果，編者が予想していたように，今日，日本の自然学校は地域にとって欠かすことができない ESD 地域創生拠点へと進化してきたことが明確になりました。このことは自然学校の取り組みが自然をベースとした従来の環境教育から，より広く持続可能性を追求する ESD，すなわち地域創生への取り組みにシフトしてきていることを意味しています。実施している事業も実に多彩です。今後とも持続可能な地域創生に向けて多様な

ステークホルダーをつなぐプロデューサーやコーディネーターとしての自然学校への期待はますます高まっていくにちがいありません。自治体レベルでの取り組みも急速に広がっている SDGs の動きはこの傾向を加速させるでしょう。一方，近年，日本の影響により，中国をはじめとした東アジア諸国において，自然学校が急速に広がっています。地域創生拠点としての動きはこれからですが，これらの国々においても日本同様，地域が疲弊している状況なので日本の自然学校の取り組みは影響を与えると考えています。

　では自然学校が本来持っていた自然体験活動の役割は減少しているのでしょうか。そうではありません。近年わが国でも急速に広まっている「森のようちえん」は幼児期における自然体験を重視した環境教育です。Society5.0 に代表される AI や IoT をはじめとする未来社会において，バーチャルでないリアルな自然体験活動（自然系環境教育）は今以上に求められると考えています。だからこそ自然体験活動が人間形成や発達に果たす役割を明確化すると同時に，自然体験の機会を保障する（担保する）社会（＝権利としての自然体験活動）をつくっていくことが必要です。SDGs の特徴の一つである「包摂性」が意味する「誰一人取り残さない」自然体験活動が，環境教育や自然学校において近未来の重要なテーマになると考えています。

　このように，自然体験活動など自然学校が取り組む事業の不易（いつの時代も変わらないもの）と流行（時代に応じて変化するもの）を意識しつつも，ESD 地域創生拠点としての自然学校のミッションを掲げ，どのように具体化していくかが SDGs 時代の自然学校に問われています。一方，今日の自然学校は多様な活動や団体が包含されています。この先自然学校を再定義していく必要がでてくるでしょう。

　本書は，文部科学省私立大学戦略的研究基盤形成支援事業「ESD による地域創生の評価と ESD 地域創生拠点の形成に関する研究」（研究代表者・阿部治，2015 〜 2019 年度）の研究成果の一環として刊行したものです。

　ご多用のなか，本書のためにご協力いただいた皆様，ならびにナカニシヤ出版に感謝申し上げます。

阿部　治

索　引

編者紹介

阿部　治（あべ　おさむ）

1955 年生まれ。専門は環境教育・ESD。現在，立教大学社会学部教授，同 ESD 研究所長，ESD 活動支援センター長，NPO 法人持続可能な開発のための教育推進会議(ESD-J)代表理事，公益社団法人日本環境教育フォーラム専務理事，他。元一般社団法人日本環境教育学会長。近著に『知る・わかる・伝える SDGs I』(学文社)。日本自然保護大賞特別賞沼田眞賞(2020)などを受賞。

増田　直広（ますだ　なおひろ）

1970 年生まれ。専門は環境教育，インタープリテーション。現在，公益財団法人キープ協会環境教育事業部主席研究員，一般社団法人日本環境教育学会事務局長，都留文科大学／日本大学／帝京科学大学非常勤講師，立教大学 ESD 研究所客員研究員，他。日本各地で環境教育やインタープリテーション，自然体験活動，地域づくり，観光に関する人材育成やプログラム開発等に関わる。

執筆者・協力者一覧（*は編者，50 音順）

麻生　翼（あそう　つばさ）
特定非営利活動法人森の生活代表理事
担当：第 2 部 -6

阿部　治*（あべ　おさむ）
立教大学社会学部教授，同 ESD 研究所長
担当：第 1 部 -1，第 3 部座談会，あとがき

大西　かおり（おおにし　かおり）
特定非営利活動法人大杉谷自然学校校長
担当：第 2 部 -4

大西　信正（おおにし　のぶまさ）
株式会社生態計画研究所早川事業所長
担当：第 2 部 -5

小野　麗佳（おの　れいか）
環境教育フリーランス
担当：第 3 部アンケート

辻　英之（つじ　ひでゆき）
特定非営利活動法人グリーンウッド自然体験教育センター代表理事
担当：第 2 部 -2，第 3 部座談会

鳥屋尾　健（とやお　たけし）
公益財団法人キープ協会環境教育事業部事業部長
担当：第 2 部 -3

西村　仁志（にしむら　ひとし）
広島修道大学人間環境学部教授
担当：第 3 部座談会

増田　直広*（ますだ　なおひろ）
公益財団法人キープ協会環境教育事業部主席研究員
担当：まえがき，第 1 部 -2・3，第 3 部座談会・アンケート

山口　久臣（やまぐち　ひさおみ）
一般社団法人アイ・オー・イー代表理事
担当：第 2 部 -8

山崎　宏（やまざき　ひろし）
特定非営利活動法人ホールアース研究所代表理事
担当：第 2 部 -1，第 3 部座談会

吉元　美穂（よしもと　みほ）
特定非営利活動法人登別自然活動支援組織モモンガくらぶ事務局長
担当：第 2 部 -7

ESD の地域創生力と自然学校
持続可能な地域をつくる人を育てる

2020 年 3 月 20 日　　初版第 1 刷発行　　　　　定価はカヴァーに
　　　　　　　　　　　　　　　　　　　　　　　表示してあります

編　者　阿部　治
　　　　増田直広
発行者　中西　良
発行所　株式会社ナカニシヤ出版
〒606-8161　京都市左京区一乗寺木ノ本町15番地
　　　　　　　　　　　Telephone 075-723-0111
　　　　　　　　　　　Facsimile 075-723-0095
　　　　　　　Website http://www.nakanishiya.co.jp/
　　　　　　　Email iihon-ippai@nakanishiya.co.jp
　　　　　　　　　　　郵便振替　01030-0-13128

装幀＝白沢　正／印刷・製本＝ファインワークス
Copyright © 2020 by Osamu ABE and Naohiro MASUDA
Printed in Japan
ISBN978-4-7795-1459-3 C3030